Zürich auf einen Blick

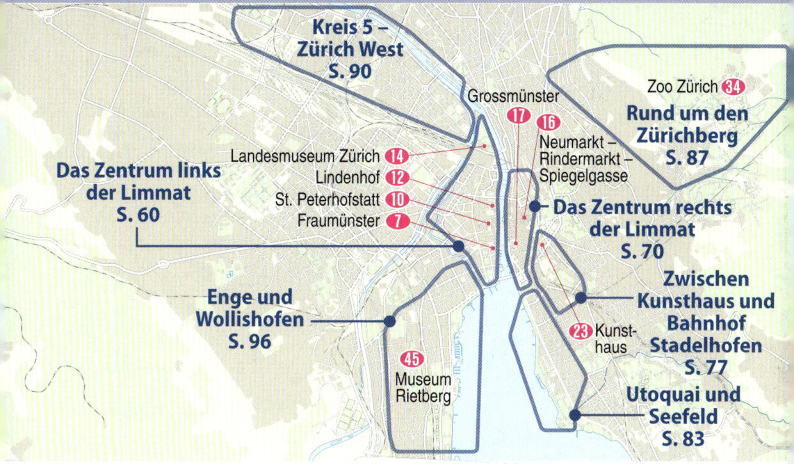

Inhalt

Exkurse zwischendurch

Benutzungshinweise

Orientierungssystem

Eine **Liste der im Buch beschriebenen Örtlichkeiten** wie Sehenswürdigkeiten, Restaurants, Hotels, Cafés, Infostellen befindet sich auf Seite 140.

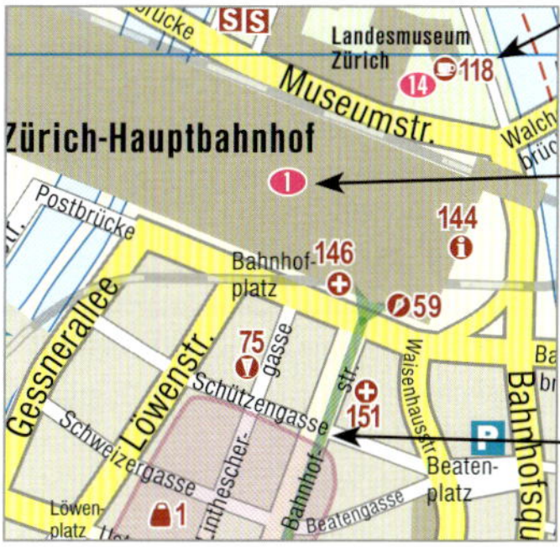

Bewertung der Sehenswürdigkeiten

★★★ auf keinen Fall verpassen
★★ besonders sehenswert
★ Sehenswürdigkeit für speziell interessierte Besucher

Zur schnelleren Orientierung tragen alle Hauptsehenswürdigkeiten und Lokalitäten sowohl im Text als auch im Kartenmaterial die gleiche Nummer:

118 Mit Symbol und fortlaufender Nummer werden die sonstigen Lokalitäten wie Cafés, Geschäfte, Hotels, Infostellen usw. gekennzeichnet.

❶ Mit einer fortlaufenden magentafarbenen Nummer sind die Hauptsehenswürdigkeiten gekennzeichnet. Steht die Nummer im Fließtext, verweist sie auf die Beschreibung dieser Sehenswürdigkeit im Kapitel „Zürich entdecken".

› Die farbige Linie markiert den Verlauf des Stadtspaziergangs (s. S. 8).

[L6] In eckigen Klammern steht das Planquadrat im Kartenmaterial, in diesem Beispiel Planquadrat L6.

Ortsmarken ohne Angabe des Planquadrats liegen außerhalb unserer Karten. Sie können aber wie alle Örtlichkeiten in unseren speziellen Luftbildkarten auf der Produktseite dieses Buches unter www.reise-know-how.de oder direkt unter http://ct-zuerich14.reise-know-how.de lokalisiert werden.

Schreibweise

Da im Schweizer Alphabet das „ß" fehlt, werden auch alle Eigennamen in diesem CityTrip (wie z. B. Straßennamen) mit „ss" statt „ß" geschrieben.

Telefonvorwahl

Die nationale Vorwahl für Zürich ist 043 oder 044 und **muss immer mitgewählt werden.** Aus Deutschland: 0041 43/44.

Preisangaben

Preisangaben erfolgen in CHF (Schweizer Franken), bei Fertigstellung dieses Bandes (Stand Frühjahr 2014) lag der Kurs bei 1 CHF = 0,81 € bzw. 1 € = 1,23 CHF. Generell sind Preisangaben nur als Anhaltspunkte zu verstehen. Vor allem bei Unterkünften können starke Schwankungen abhängig von Jahreszeit, Großveranstaltungen usw. vorkommen und auch Eintrittspreise ändern sich (wie Öffnungszeiten) oft.

Impressum

Tanja Köhler, Norbert Wank

CityTrip Zürich

erschienen im
Reise Know-How Verlag Peter Rump GmbH,
Osnabrücker Str. 79, 33649 Bielefeld

1. Auflage 2014

ISBN 978-3-8317-2487-1
Printed in Germany

Dieses Buch ist erhältlich in jeder Buchhandlung Deutschlands, der Schweiz, Österreichs, Belgiens und der Niederlande. Bitte informieren Sie Ihren Buchhändler über folgende Bezugsadressen:
Deutschland: Prolit GmbH, Postfach 9, D-35461 Fernwald (Annerod) sowie alle Barsortimente
Schweiz: AVA Verlagsauslieferung AG, Postfach 27, CH-8910 Affoltern
Österreich: Mohr Morawa Buchvertrieb GmbH, Sulzengasse 2, A-1230 Wien
Niederlande, Belgien: Willems Adventure, www.willemsadventure.nl
Wer im Buchhandel kein Glück hat, bekommt unsere Bücher auch über unseren Büchershop im Internet:
www.reise-know-how.de

Herausgeber: Klaus Werner
Lektorat und Layout:
amundo media GmbH
Karten: Ingenieurbüro B. Spachmüller, amundo media GmbH
Druck und Bindung: Media-Print, Paderborn
Fotos: siehe Bildnachweis Seite 137
Anzeigenvertrieb: KV Kommunalverlag GmbH & Co. KG, Alte Landstraße 23, 85521 Ottobrunn, Tel. 089 928096-0, info@kommunal-verlag.de

Alle Informationen in diesem Buch sind von den Autoren mit größter Sorgfalt gesammelt und vom Lektorat des Verlages gewissenhaft bearbeitet und überprüft worden.
Da inhaltliche und sachliche Fehler nicht ausgeschlossen werden können, erklärt der Verlag, dass alle Angaben im Sinne der Produkthaftung ohne Garantie erfolgen und dass Verlag wie Autoren keinerlei Verantwortung und Haftung für inhaltliche und sachliche Fehler übernehmen.
Die Nennung von Firmen und ihren Produkten und ihre Reihenfolge sind als Beispiel ohne Wertung gegenüber anderen anzusehen. Qualitäts- und Quantitätsangaben sind rein subjektive Einschätzungen der Autoren und dienen keinesfalls der Bewerbung von Firmen oder Produkten.
Wir freuen uns über Kritik, Kommentare und Verbesserungsvorschläge:
info@reise-know-how.de

Aktuelle Informationen nach Redaktionsschluss

Unter **www.reise-know-how.de** werden aktuelle Ergänzungen und Änderungen der Autoren und Leser zum vorliegenden Buch bereitgestellt. Sie sind auch in der **Gratis-App** zum Buch abrufbar.

Auf ins Vergnügen

001zu Abb.: tk

Zürich an einem Tag

Das kulturelle Angebot, die wunderbaren Sehenswürdigkeiten sowie die einmaligen Ausflugsziele und Outdoor-Aktivitäten in und um Zürich herum sind so vielfältig, dass man in der Stadt mindestens eine Woche, wenn nicht sogar mehr Zeit verbringen könnte. Ein Tagesausflug in die größte Schweizer Stadt kann einen ersten Eindruck vermitteln, an einem Wochenende hat man Zeit, gemütlich die Innenstadt mit ihren schönen alten Gassen, ihren kleinen Geschäften und ausgezeichneten Restaurants zu entdecken und die faszinierenden Museen kennenzulernen.

Stadtspaziergang

Für einen Tag in Zürich eignet sich der riesige und auch als historisches Bauwerk sehenswerte **Hauptbahnhof** 1 als idealer und zentraler Ausgangspunkt. Wer den mächtigen Trakt durch den südlichen Ausgang verlässt, gelangt direkt auf Zürichs berühmteste Straße, die legendäre **Bahnhofstrasse** 2. Diese edle, verkehrsberuhigte Einkaufsmeile verläuft in südlicher Richtung hinab zum Zürichsee, wobei Ambiente und Geschäfte um so exquisiter werden, je weiter man sich vom Bahnhof entfernt. Nach rund 500 Metern präsentiert sich linker Hand eine der schönsten Altstadtgassen der Bankenmetropole, die leicht ansteigende **Augustinergasse** 11 mit ihren jahrhundertealten Wohnhäusern. Schon nach wenigen Flanierminuten auf der Augustinergasse ist die Kirche **St. Peter** 9 mit dem romantischen Platz **St. Peterhofstatt** 10 erreicht. Über die enge **Schlüsselgasse** kommt der Besucher hinunter zur **In Gassen**, und nach etwa 100 Metern nahe dem prächtigen Paradeplatz zurück zur Bahnhofstrasse. Wer dieser nun weiter Richtung See folgt, stößt auf die einladende **Confiserie Sprüngli** (s. S. 19). Je nach Lust und Zeit bieten sich in dieser historischen Institution ein paar köstliche „Luxemburgerli" zum Mitnehmen oder auch eine der vielen Kaffeespezialitäten im 1. Stock der Confiserie an. Nach dem kleinen Café-Stopp geht es durch die Waaggasse vom **Paradeplatz** 4 aus zum **Münsterhof** 8 und damit zu einem der beiden weltberühmten Sakralbauten Zürichs, dem **Fraumünster** 7. Während das Innere dieses Gotteshauses mit Fensterzyklen von Marc Chagall und Augusto Giacometti beeindruckt, hat man vor dem Hauptportal einen schönen Blick auf die andere Limmatseite mit dem noch imposanteren **Grossmünster** 17. Über den Stadthausquai gelangt man schließlich zum belebten **Bürkliplatz** 5 am Ufer des Sees und hat – hoffentlich – einen klaren Blick zur Gipfelkette der Alpen.

Über die Quaibrücke und die Uferpromenaden Limmatquai und Utoquai gelangt man ins schöne Seefeldquartier, wo das **vegetarische Selbstbedienungsrestaurant tibits** (s. S. 29) mit frischen Spezialitäten und einem eindrucksvollen Salat- und Gemüsebuffet aufwartet. Auf der Seefeldstraße gelangt man nach etwa 800 m zum Bellevueplatz 18 und geht hier rechts die Rämistrasse hinauf zum Zürcher Kunsthaus 23 mit seiner hochklassigen Sammlung. Vom späten Mittelalter bis in die Gegenwart reicht die sensationelle Schau, zu de-

Vorseite: Abhängen mit Schwänen am Zürichsee

002zu Abb.: tk

ren Höhepunkten die weltweit größte Alberto-Giacometti-Sammlung gehört. Da das Kunsthaus nicht nur sehr gut, sondern auch sehr groß ist, bietet es sich an, nur eine oder zwei ausgewählte Abteilungen zu besuchen. Wer im Kunsthaus alles gründlich ansehen will, benötigt einen Tag.

Anschließend bietet sich ein Spaziergang durch die kultige **Altstadt rechts der Limmat** an (Niederdorf), ein Viertel, das für schrille Läden, zahllose Cafés und Kneipen und seine vielen kulturgeschichtlichen Hotspots bekannt ist. Vom Kunsthaus geht es über die Rämistrasse und den Hirschengraben in eine Gasse namens Untere Zäune, die nach etwa 200 m auf die Spiegelgasse stößt. In der **Spiegelgasse** 16 liegen die Wurzeln des Dadaismus (Cabaret Voltaire, s. S. 31), hier lebte aber auch Lenin und starb Georg Büchner (Gedenktafeln weisen darauf hin.) Nach einem kurzen Stück auf der belebten Marktgasse gelangt man rechts in den Rindermarkt. Der Schweizer Nationaldichter Gottfried Keller verbrachte hier seine Jugend und hatte später in der Weinstube Öpfelchammer (s. S. 72) eines seiner Stammlokale.

Neben solchen Kunst- und Kultureindrücken lockt die Zürcher Altstadt auch mit einem großen Angebot an Restaurants, Bars und Bistros, in denen man entspannen und genießen kann. Sowohl preiswerte Kleinigkeiten in Form schmackhafter Tapas als auch ausgewachsene Menüs findet man in der Münstergasse in der **Bodega Española** (s. S. 28), einem spanischen Traditionslokal mit verführerischer Patina. Wer es lieber schweizerisch mag, der wird sein Glück in **Adlers Swiss Chuchi** in der Rosengasse (s. S. 27) finden, sei es bei einem sommerlichen Käse-Wurst-Salat oder einer der vielen Fondue-Variationen. Für den obligatorischen Absacker bietet sich die außergewöhnliche **Weinschenke Hirschen** (s. S. 31) an.

Routenverlauf im Stadtplan
Der hier beschriebene Spaziergang ist mit einer farbigen Linie im Stadtplan eingezeichnet.

Die Silhouette links der Limmat wird geprägt von St. Peter 9

Zürich an einem Wochenende

Zürich ist eine kleine Weltstadt und ideal für einen kurzen Städtetrip. In zwei Tagen bekommt man schon einen guten Eindruck von der vielfältigen Metropole der Schweiz, ohne lange Wege zurücklegen zu müssen.

1. Tag: Links der Limmat und Zürich-West

Vormittags

Einen schönen Einstieg in ein Zürich-Wochenende bietet die Erkundung der Altstadt links der Limmat vom Hauptbahnhof aus (s. „Zürich an einem Tag"). Folgt man der Bahnhofstrasse bis zum Ende, gelangt man über die Quaibrücke zum Bellevueplatz. Hier kann man im legendären **Odeon** (s. S. 32) ein frisches Gipfeli (Croissant) und einen guten Café crème genießen. Bei schönem Wetter sitzt man draußen und kann die zahlreichen Flaneure an diesem besonders lebendigen Ort in Augenschein nehmen.

Wer es lieber stylish-modern hat, ist im coolen **Cakefriends** (s. S. 32) besser aufgehoben. Dieses eigenwillige Café bietet zum Kaffee köstliche Kuchen, Muffins und natürlich auch Gipfelis.

Nachmittags

Nach der Stärkung kann man an der belebten Haltestelle Bellevue die Tramlinie 4 (Richtung Werdhölzli) nutzen und ist in wenigen Minuten hinter dem Hauptbahnhof am **Landesmuseum Zürich** 14 angekommen. Nirgendwo in der Schweiz kann man sich umfassender über die Kulturgeschichte des Landes informieren als in diesem burgartigen Gebäudekomplex.

Abends

Nach dem Einblick in die Geschichte fährt man mit der Tramlinie 4 (Alternativlinie: 13) in die brodelnde Gegenwart, d. h. nach **Zürich-West** bzw. zum Escher-Wyss-Platz [I3]. Entlang der rauen Hardstrasse bieten sich viele Möglichkeiten für einen Drink oder Imbiss, wir schlagen das **Les Halles** vor (s. S. 35).

Der Kontrast zur idyllischen Altstadt im Kreis 1 könnte kaum größer sein als in diesem ehemaligen Gewerbeviertel, in dem nun zahlreiche Klubs, Bars, Restaurants und ein Kinokomplex locken. Wem Mainstream-Filme zu seicht sind, dem empfehlen wir eine **Theateraufführung im Schiffbau** 40, der innovativen Dependance des Zürcher Schauspielhauses. Zum Ausklang des Tages oder auch zum Durchstarten in die Nacht bietet sich die **IQ Bar** (s. S. 34) auf der Hardstrasse an.

2. Tag: Rechts der Limmat, Zürichsee und Zürichberg

Vormittags

Das sehenswerte Altstadt-Areal rechts der Limmat breitet sich entlang der belebten Niederdorfstrasse parallel zum Limmatquai aus. Die vielen kleinen und kleinsten Gassen wie Bader-, Hirschen- und Rosengasse eignen sich perfekt als Zickzack-Spaziergangsroute zum weltberühmten **Kunsthaus** 23. Unterwegs begegnet man im schönen **Rindermarkt** 16 wichtigen Lebensstationen Gottfried Kellers, einem der größten Dichter der Schweiz. Schräg gegenüber dem Wohnhaus der Familie (Rindermarkt 9) findet sich noch heute dessen Stammlokal, die **Öpfelchammer** (s. S. 72), die seit mehr als 200 Jahren „in“ ist. Im Kunsthaus kann man wahlweise noch tiefer in vergangene Jahrhunderte eindringen oder sich von Gegenwartskunst inspirieren lassen.

Nachmittags

Ob Schweizer Küche oder internationale Kost: Die Gässchen des Vormittagprogramms bieten in kulinarischer Hinsicht alles, was Herz oder Magen begehren. Unser Tipp ist das **Zähringer** (s. S. 70), ein preisgünstiges Lokal mit alternativem Hintergrund, in dem man sommers wunderbar draußen sitzen und statt internationalem Einheitsbier das gute Zürcher TurbinenBräu genießen kann.

Zu den großen Vorzügen der Limmatstadt gehört ihr Wasserreichtum. Neben der Vielzahl von Trinkwasserbrunnen wollen Flüsse und der See erlebt und genossen werden. Dafür eignen sich die **Limmatschiffe** (s. S. 126), die u. a. am Limmatquai und an vielen anderen Anlegestellen bestiegen werden können. Mit dem Schiff geht die Fahrt zum **Zürichhorn** (s. S. 45), einer weitläufigen Parkanlage, die einen zum Nichtstun überredet, aber auch mit einem sehenswerten Chinagarten 30 lockt. Per Tram (Nr. 2 und 4) rollt man irgendwann wieder in die Stadt zurück. Wer lieber zu Fuß den schönen Rückweg am Seeufer entlang antritt, sollte mindestens eine halbe Stunde einkalkulieren.

003zu Abb.: nw

⌃ *Zürcher Straßencafés – ideal zum Entschleunigen*

Abends

Ein erlebnisreiches Wochenende in Zürich endet dort, wo es angefangen hat: im **Odeon** (s. S. 32) bei einem gepflegten Drink mit Abendsnack, wo schon Joyce, Frisch, Werfel und Heerscharen anderer Berühmtheiten weilten.

Die etwas aufwendigere Finish-Variante ist eine Tour mit den Tramlinien 2 und 6 hinauf zum Sorell Hotel Zürichberg (s. S. 124, Tramstation Zoo). Hoch über der Stadt bietet sich ein **unvergleichlicher Blick auf Zürich, den See und die umliegenden Bergketten.** Dieses Panorama kann man hier entweder mit einem Barbesuch im B21 oder dem Gang ins noble Restaurant R21 verknüpfen.

Zürich für Citybummler

Zürich ist eine Stadt für Fußgänger. Alles Sehenswerte liegt hier eng beieinander und kann problemlos erlaufen werden.

Die touristische Hauptattraktion ist zweifelsohne die Altstadt links und rechts der Limmat, der Kreis 1 der Stadt. Vom Hauptbahnhof aus führt die **Bahnhofstrasse** ❷, die vielleicht berühmteste Straße der Schweiz, zum Zürichsee und mit ihren Seitenarmen auch direkt in die wunderschönen Altstadtgassen. Die Bahnhofstrasse ist ein zentraler Punkt in Zürich, nicht nur für Touristen. Am Nachmittag schwärmen viele Banker der umliegenden Finanzhäuser aus, um in den Lokalen um und an der Bahnhofstrasse ihre Mittagspause zu verbringen. Zum Shoppen kommen die Zürcher natürlich auch – an den Wochenenden ist es hier so voll, dass man aufpassen muss, nicht mit den anderen Passanten zusammenzustoßen. Das verwundert nicht, versammeln sich auf der Bahnhofstras-

Das gibt es nur in Zürich

- *Globale Bedeutung als* ***Finanzstandort mit kleinstädtisch anmutendem Flair*** *– diese Mischung gibt es nur in Zürich. Als Bankenplatz spielt die Stadt in einer Liga mit London, New York, Tokio und Frankfurt, aber eine moderne Wolkenkratzer-Skyline wird man vergeblich suchen.*
- *Mit dem Schauspielhaus, dem Opernhaus, der Tonhalle und dem Kunsthaus sowie zahllosen weiteren Museen, Veranstaltungsorten und Galerien ist Zürich eine der großen europäischen Kulturmetropolen. Das Besondere an Zürich: Innerhalb weniger Hundert Meter gibts* ***den Kleinstadtcharme und die Hochkultur,*** *daneben die Strandbäder am See und die Flussbäder entlang der Limmat.*
- *Die fantastische Verbindung von beidem, Landschaft und Kultur, bietet z. B. das* ***OrangeCinema*** *(s. S. 39), ein Open-Air-Kinospektakel, das seinesgleichen sucht. Am* ***Zürichhorn*** *(s. S. 45) werden im Juli und August Vorpremieren und Filmklassiker präsentiert, wobei die Filmleinwand im See steht und man, je nach Licht und Witterung, noch die Bergkulisse im Hintergrund genießen kann. Bei Regen unter Folien und Planen wird solch ein Kinoabend fast schon zum Abenteuer.*
- *Einzigartig und geradezu Wahrzeichen der Stadt sind einige* ***Feste und Events*** *wie das traditionelle* ***Knabenschiessen*** *(s. S. 48). Am zweiten Septemberwochenende entsteht dabei rund um ein seit Jahrhunderten durchgeführtes Wettschießen einer der schweizweit größten Rummelplätze mit allerlei Attraktionen. Auch das sogenannte* ***Sechseläuten*** *ist typisch für Zürich (s. S. 46). Unter Anteilnahme der ganzen Stadt, mit Umzügen, Blasorchestern und der Verbrennung des „Böögg", eines Schneemanns aus Watte, verabschiedet man symbolisch den Winter. Hier zeigt sich, dass man auch in der vermeintlich lustfeindlichen Zwingli-Stadt Zürich feiern kann.*

se doch alle großen Modemarken, allein die Schaufenster der Geschäfte laden zu einem Bummel über die Prachtstraße ein.

Dies gilt natürlich auch für die **Altstadt links der Limmat**, die beinahe einen Fußbreit neben der Bahnhofstrasse beginnt und eine weitgehend autofreie Zone darstellt. Hier läuft der Citybummler auf Pflastersteinen vorbei an kleinen Boutiquen, exquisiten Antiquitätengeschäften und schönen Sehenswürdigkeiten wie dem Fraumünster 7 oder der Kirche St. Peter 9. Und wer beim Spaziergang ermüdet und eine kleine Pause braucht, dem stehen eine Vielzahl an Straßencafés und kleinen Lokalen zur Verfügung, in denen es sich auch die Zürcher gerne gut gehen lassen.

Dies trifft auch auf die **Altstadt rechts der Limmat** zu, die wegen ihrer ausladenden Fußgängerzone ebenfalls eine Attraktion für Citybummler ist. Hier geht es zwar weniger exquisit zu als in der Altstadt links der Limmat, doch auch auf dieser Seite bummelt man vorbei an originellen Shops, wunderbaren Antiquariaten und herrlichen Sehenswürdigkeiten wie dem Grossmünster 17. Einkehrmöglichkeiten gibt es zuhauf, ein Lokal reiht sich ans nächste.

Inmitten des hektischen Trubels der Bahnhofstrasse und des bunten Treibens der Altstadt links und rechts der Limmat trifft man in Zürich aber immer wieder auf **Orte, an denen es still und friedlich zugeht.** Dafür muss man nicht einmal weit laufen, die St. Peterhofstatt 10 oder der Lindenhof 12 sind zwei solche Plätze, die sich mitten in der Altstadt befinden und in wenigen Gehminuten erreicht sind. Ein Shoppingbummel lässt sich also herrlich mit einer kleinen, ungestörten Pause verbinden.

Auch **am Zürichsee und in den vielen** Parkanlagen gibt es Rückzugsmöglichkeiten und wunderbare Strecken zum Spazieren: Die Parkanlage Zürichhorn (s. S. 45) ist ein beliebter Ort der Zürcher für längere Spaziergänge am Wasser. Auch der Rieterpark 44 und der Belvoirpark 43 – die wohl schönsten Parkanlagen der Stadt – laden zu ausgedehnten Spaziergängen und zum längeren Verweilen ein. Zu einer beliebten Flaniermeile ist in Zürich auch das Lettenareal 37 am rechten Limmatufer geworden. Die Uferzone strahlt im Sommer absolutes Ferienfeeling aus, Freibäder säumen den Weg, auf den Sitzstufen und Sitzmauern kann man kleine Pausen einlegen und die Umgebung beobachten oder man unterbricht den Citybummel, um einfach auf den Liegewiesen zu entspannen.

004zu Abb.: nw

Der Lindenhof 12 mit seiner großartigen Aussicht auf die Limmat und die Altstadt

Zürich für Kauflustige

Zürich ist das reinste Einkaufsparadies: Außergewöhnliche Mode, ausgefallene Accessoires, noble Antiquitäten und alles in großer Auswahl findet man in den kleinen und großen Geschäften der Stadt – vorausgesetzt man weiß, wo man suchen muss.

Mitten durch das Zentrum führt die wohl **berühmteste Einkaufsstraße der Stadt**, die **Bahnhofstrasse** 2. Auf der Einkaufsmeile für Gutbetuchte ist alles vertreten, was Rang und Namen hat. Edle Luxusboutiquen locken mit den neuesten Modekreationen, in anderen Geschäften warten Luxusuhren, Schmuck, Pelze und Kleidung aus Kaschmir auf neue Besitzer – ein großes Angebot für dicke Geldbeutel. Die Straße führt auf einer Strecke von etwas mehr als einem Kilometer vom Hauptbahnhof direkt zum Zürichsee und ist für den normalen Autoverkehr gesperrt. Lediglich Taxis und die blau-weißen Trams rumpeln die Straße entlang. Die Boutiquen und Fachgeschäfte werden zum See hin immer teurer; erschwinglicher sind daher die Geschäfte in der Nähe des Hauptbahnhofs. Luxuriös geht es auch in den Nebenstraßen der Bahnhofstrasse weiter: Entlang der „In"-Gassen, der Augustinergasse und vor allem der Storchengasse und der Strehlgasse, findet sich exklusive Designermode internationaler Modelabels. Ohnehin ist die **Altstadt links der Limmat** (Glockengasse, Kämbelgasse, Münsterhof, Rathausbrücke, Rennweg, Schlüsselgasse, St. Peterhofstatt, Weggengasse, Weinplatz, Wühre und Zinnengasse) gesäumt von **hübschen kleinen Boutiquen und exquisiten Antiquitätengeschäften.** Wer hier direkt die Limmat ent-

EXTRATIPP

Für Spätshopper

Wenn die anderen Geschäfte längst geschlossen sind, gibt es immer noch einen Ort, an dem man sich mit diversen Utensilien und den Dingen des Alltags eindecken kann: **Shopville im Hauptbahnhof** 1. Die Läden in den Katakomben haben in der Woche bis 21 Uhr und am Wochenende bis 20 Uhr geöffnet. Dass auch hier das Angebot metropolengemäß groß ist, versteht sich von selbst.

005zu Abb.: tk

lang läuft, stößt unvermeidlich auf eines der ältesten Quartiere der Stadt: die Schipfe 13. Sie ist bis heute eine bezaubernde Handwerkergasse geblieben. In den romantischen Läden produzieren Fachleute teilweise vor den Augen der Kundschaft ihre Produkte, von Schreibwaren bis hin zu kleinen Kunstwerken. Während in der Altstadt links der Limmat überwiegend klassische und hochpreisige Ware angeboten wird, haben sich die Geschäfte in der **Altstadt rechts der Limmat** auf ein **jüngeres und preisbewussteres Publikum** spezialisiert. Junge, ausgefallene Mode namhafter und unbekannterer Labels ziert die Regale der kleinen Shops. In den engen Altstadtgassen finden sich aber auch zahlreiche kleine Antiquariate, ausgefallene Buchhandlungen und flippige Spezialgeschäfte.

Ein **Tipp für außergewöhnliche Klamotten und kultiges Design** ist die Gegend hinter dem Hauptbahnhof. In der Josef- und der Konradstrasse 35 haben sich junge Designer und Kreative niedergelassen und schrille Läden eröffnet. Die beiden Straßen gehören zum **Kreis 5**, einem Stadtteil, der in Zürich zu den trendigsten und innovativsten Vierteln zählt. Trashig und hip ist auch die Gegend an der Hardbrücke in der Nähe des Escher-Wyss-Platzes [I3].

Die **Langstrasse** [K4/5], die sich teilweise im Kreis 5 befindet, ist *der* multikulturelle Platz der Stadt: Hier leben Menschen aus über 80 Nationen, was sich auch auf das Angebot auswirkt: **Preiswerte und exotische Geschäfte** reihen sich auf gut einem Kilometer aneinander.

Autofrei und viel Platz für Fußgänger: die beliebte Bahnhofstrasse 2

EXTRATIPP

Shop 'n' Stop

Wer beim Shopping eine kurze Pause einlegen will, der ist in den großen **Kaufhäusern Jelmoli** und **Manor** (s. S. 16) gut aufgehoben. Beide verfügen über außergewöhnliche Selbstbedienungsrestaurants mit einem riesigen Angebot. In der größten Buchhandlung der Stadt, **Orell Füssli** (s. S. 18), stehen auf allen Ebenen große Couchlandschaften zur Verfügung. Gleichzeitig beherbergt die Buchhandlung ein kleines Starbucks-Café.

Wer beim Shoppingtrip auf seinen Geldbeutel achten will oder muss, kann sich die Einkaufsareale auch in **Preisklassen** einteilen: Für die Bahnhofstrasse und die Altstadt links der Limmat benötigt man einen dicken Geldbeutel, die Altstadt rechts der Limmat ist erschwinglich und die Langstrasse geradezu ein Schnäppchen.

Achtung: Der **Montag** ist in manchen Gegenden von Zürich ein **schlechter Tag zum Shoppen.** Vor allem im Quartier hinter dem Hauptbahnhof entlang der Konrad- und Josefstrasse gönnen sich viele Ladenbesitzer ein verlängertes Wochenende und öffnen ihre Geschäfte nur in der Zeit von Dienstag bis Samstag.

Einkaufstipps

Kaufhäuser

Für alle, die gerne alles an einem Ort kaufen, sind die großen Kaufhäuser eine wahre Fundgrube.

1 [L6] **Globus,** Schweizergasse 11, www.globus.ch, Mo.–Sa. 9–20 Uhr. Auf fünf Etagen lässt es sich im Globus nach Herzenslust shoppen. Genießern sei die

Shoppingareale

Die wichtigsten Shoppingbereiche der Stadt sind im Kartenmaterial mit einer rötlichen Fläche markiert.

Feinkostabteilung im Untergeschoss empfohlen: Vom Salatdressing mit Wasabi über Limonenmousse bis zur Pistazienschokolade reiht sich eine kulinarische Köstlichkeit an die nächste. Und das Beste: An den vielen Degustationsständen lässt sich so manche Spezialität gratis genießen.

2 [L7] **Jelmoli,** Seidengasse 1, www.jelmoli.ch, Mo.–Sa. 9–20 Uhr. Das legendäre Kaufhaus, das an seiner charakteristischen Glas-Eisenskelett-Konstruktion zu erkennen ist, die um 1900 errichtet wurde, befindet sich in unmittelbarer Nähe zur Bahnhofstrasse. Das hochwertige Angebot ist schier uferlos. Appetit auf Konsum macht schon ein Besuch der erstklassigen Website des Kaufhauses.

006zu Abb.: tk

Typisch für Zürich: kleine, feine Fachgeschäfte

3 [L6] **Manor,** Bahnhofstr. 75, www.manor.ch, Mo.–Sa. 9–20 Uhr. Auf vier Etagen wird im Manor ein breit gefächertes Sortiment angeboten. In der 5. Etage geht es kulinarisch zu: Das Selbstbedienungsrestaurant überrascht mit einer außergewöhnlichen Vielfalt an Desserts, Salaten, Pasta, Fisch, frisch gepressten Säften u. v. a. Im Sommer kann man sich auf die Terrasse setzen und neben dem Essen auch die tolle Aussicht über die Dächer von Zürich genießen.

Mode

4 [K5] **Beige,** Josefstr. 10, Tel. 044 2727422, www.beige.ch, Di.–Fr. 12–19 Uhr, Sa. 11–17 Uhr. Die beiden Schweizer Designerinnen Karin Maurer und Manuela Helg stehen für exquisite und feine Strickmode, egal ob Jacken, Pullover, Kleider, Röcke, Schals oder Mützen.

5 [K7] **Camaleon,** Selnaustr. 52, Tel. 044 2110161, www.camaleon.ch, Mi.–Fr. 11–19 Uhr, Sa. 10–16 Uhr. Die Ladenbesitzerinnen Susanne Huber und Tanja Andermatt haben gemeinsam an der Schule für Gestaltung in Zürich studiert und entwerfen in ihrem hauseigenen Zürcher Atelier jährlich eine sportliche und extravagante Frühlings-/Sommer- und eine Herbst-/Winterkollektion. Die Ergebnisse bekommt man dann in dem kleinen, aber schönen Shop präsentiert: Hosen, Kleider, Röcke, Oberteile und Accessoires.

6 [I4] **Freitag,** Geroldstr. 17, Tel. 043 3669520, www.freitag.ch, Mo.–Fr. 11–19.30 Uhr, Sa. 10–18 Uhr. Die international bekannten Taschen, Rucksäcke und Portemonnaies der Brüder Marcus und Daniel Freitag, die sie aus alten Lkw-Planen schneidern, erlebt man in Zürich-West in einem spektakulären Freitag-Shop: 17 Überseecontainer stapelten die Freitag-Brüder übereinander, innen: Verkaufsräume für die Taschen, oben: eine Aussichtsplattform.

7 [M7] **Jamarico,** Spitalgasse 2 (weitere Filialen: Niederdorfstr. 51, Stauffacherstr. 95), www.jamarico.ch, Mo.–Fr. 11–19 Uhr, Sa. 10–18 Uhr. Seit 1980 versorgt Jamarico die überwiegend junge Kundschaft mit den neuesten Trends in Sachen Streetwear: Angeboten werden Kleider, Schuhe und eine Menge an modischen Accessoires.

8 [M8] **Maison Julie,** Laternengasse 3, Tel. 043 3220402, www.maisonjulie.ch, Di.–Fr. 11–19 Uhr, Sa. 11–17 Uhr. Eine kleine, aber feine Boutique, in der es neben ausgefallenen Blusen, Röcken und Hosen auch eine große Auswahl an Schuhen der spanischen Marke Chie Mihara gibt.

9 [K5] **SWALLOW-D,** Josefstr. 12, Tel. 043 5420434, www.swallow-d.com, Di.–Fr. 12–19 Uhr, Sa. 12–16 Uhr. Tamara Rist, die Zwillingsschwester der Künstlerin Pipilotti Rist, verkauft im Kreis 5 ihre bunten Kollektionen: Kleider für Frauen, Hosen für Männer. Kult sind aber vor allem ihre Taschen: kleine und große Taschen in kunterbuntem Design.

Secondhand

10 [M7] **Fizzen,** Preyergasse 6, Tel. 044 2622064, www.fizzen.ch, Mo.–Mi., Fr. 10–19 Uhr, Do. 10–20 Uhr, Sa. 10–18 Uhr. Szeneladen, in dem neben neuen, ausgeflippten Klamotten und Accessoires auch ausgefallene Secondhandmode aus den 1970er- und 1980er-Jahren angeboten wird: Mäntel, Jacken, Hosen oder Schuhe – und das nicht nur für Frauen.

11 [L7] **Le Boudoir,** Schlüsselgasse 3, Mo.–Fr. 11–18.30 Uhr, Sa. 11–16 Uhr. Ob man ein Abendkleid von Jil Sander oder ein Paar Schuhe von G. Zanotti findet, bei Le Boudoir handelt es sich um ein First-Class-Secondhandgeschäft, das von schicken Handtaschen bis zur Designermode alles bietet, was Rang und Namen hat.

Spielwaren

12 [L7] **Franz Carl Weber Kids Town,** Bahnhofstr. 62, Tel. 044 2257878, www.fcw.ch, Mo.–Mi. 9–18.30 Uhr, Do., Fr. 9–20 Uhr, Sa. 9–18 Uhr. In Kids Town erlebt man eine neue Dimension des Spielwarengeschäfts. Hier dreht sich auf vier Etagen wirklich alles um die Jüngsten; im geschäftseigenen Bistro müssen die Eltern sogar auf Augenhöhe der Kinder sitzen. Direkt neben dem Eingang können die Knirpse in ein Drachenmaul klettern und durch den Schlund hindurch in die untere Etage rutschen.

13 [L7] **Pastorini,** Weinplatz 3, Tel. 044 8243344, www.pastorini.ch, Mo. 13.30–18.30 Uhr, Di.–Fr. 9.30–18.30 Uhr, Sa. 9.30–17 Uhr. Das Pastorini bietet dem Elektronikzeitalter die Stirn: Vom wunderschönen Holzspielzeug bis zu Büchern und Plüschtieren wird hier pädagogisch Wertvolles verkauft. Wer sich den Bauernhof mit Tieren oder die Puppenstube mit Möbeln ausstatten will, ist im Pastorini an der richtigen Adresse.

14 [M8] **Rien Ne Vas Plus,** Oberdorfstr. 34, www.riennevaplus.ch, Tel. 044 2611161, Mo.–Fr. 10–18.30 Uhr, Sa. 10–16 Uhr. Der Laden ist eine Fundgrube für Spiele, die nach Altersklassen und Schwierigkeitsgraden sortiert sind. Das Fachgeschäft ist kein reiner Spielwarenladen für Kinder, hier werden alle Altersgruppen bedient. Vom Geschicklichkeits- und Denkspiel über diversen Jongleurbedarf bis hin zu Murmeln, Drachen oder Bumerangs reicht das Angebot.

Bücher und Antiquariate

15 [M8] **Altstadt Antiquariat,** Oberdorfstr. 10, Tel. 044 2611920, Di.–Fr. 11–18 Uhr, Sa. 10–16 Uhr. In dem exquisiten Antiquariat reichen die Regale bis zur Decke. Gefüllt sind sie vor allem mit alten Bildbänden, Koch- und Kinderbüchern sowie Reiseführern. Darunter findet sich so manche Erstausgabe.

007zu Abb.: nw

Eine Offenbarung für Reisende: der Travel Book Shop am Rindermarkt

16 [M8] **Kinderbuchladen Zürich,** Oberdorfstr. 32, www.kinderbuchladen.ch, Tel. 044 2653000, Mo.–Fr. 9–18.30 Uhr, Sa. 9–17 Uhr, im Nov. und Dez. auch Abendverkauf. Die Buchhandlung hat sich ganz auf Kinder- und Jugendbuchliteratur spezialisiert. Neben den Klassikern der Gegenwart treffen Eltern auf Freunde der eigenen Kindheit wie Pippi Langstrumpf oder Karlsson vom Dach. Außerdem warten in den Regalen Stofftiere, Taschen, Mobiles, DVDs und Barbapapas auf neue Besitzer.

17 [L7] **Orell Füssli,** Füsslistr. 4, Tel. 044 4555620, www.books.ch, Mo.–Fr. 9–20 Uhr, Sa. 9–18 Uhr. Das Buchstabenimperium in Zürich besitzt in der Stadt mehrere Zweigstellen und Spezialgeschäfte. Das Geschäft an der Füsslistrasse ist die Zentrale und gleichzeitig mit über 2000 m² die größte Buchhandlung der Stadt. In diesem Bücherkaufhaus gibt es nichts, was es nicht gibt.

Ein besonderes Erlebnis für Hiker, Biker und Bergsteiger ist die Landkarten- und Bergbuchabteilung.

18 [L7] **Orell Füssli The Bookshop,** Bahnhofstr. 70, www.english.books.ch, Tel. 044 2110444, Mo.–Fr. 9–20 Uhr, Sa. 9–18 Uhr. Ein Stückchen Weltstadt mitten in Zürich: Auf zwei Etagen werden rund 40.000 englischsprachige Bücher präsentiert, inklusive einer reichhaltigen Auswahl an englischen Filmen, Dokumentationen und TV-Serien. Das kundige Fachpersonal berät sogar auf Englisch und Deutsch.

19 [M7] **pinkRus,** Spiegelgasse 18, Tel. 044 2622266, www.pinkrus.ch, Mo.–Fr. 9.30–18.30 Uhr, Sa. 9.30–16 Uhr. Rund 50 m von Lenins Wohnhaus (Spiegelgasse) entfernt liegt die schnuckelige Buchhandlung pinkRus, die auf russische Literatur spezialisiert ist.

20 [M7] **Travel Book Shop,** Rindermarkt 20, www.travelbookshop.ch, Tel. 044 2523883, Mo. 12–18.30 Uhr, Di.–Fr. 9–18.30 Uhr, Do. Abendverkauf bis 20 Uhr, Sa. 9–17 Uhr. Ein außergewöhnlicher Reisebuchladen, der durch seine Gemütlichkeit und immense Auswahl jeden Reisenden in den Bann zieht. Wäre Zürich nicht so schön, wollte man sofort aufbrechen zu einem der zahllosen Ziele, auf die diese Reisebuchhandlung Lust macht.

Musik

21 [N7] **Jecklin,** Rämistr. 42, Tel. 044 2537777, www.jecklin.ch, Mo.–Fr. 10–18 Uhr, Sa. 10–17 Uhr. In diesem Musikladen gibt es neben einer riesigen Auswahl an Klassik – aus über 12.000 Alben kann der Klassik-Fan wählen – auch Jazz, Weltmusik, Pop und Rock und ein gewaltiges Sortiment für Hörbuchfans sowie ein umfassendes Angebot an DVDs. In alle Datenträger kann auf einladenden Sesseln, Sofas oder Liegen reingehört werden.

22 [M8] **Kindermusikladen Hug,** Laternengasse 5, Tel. 044 2694141, www.musikhug.ch, Mo.–Fr. 10–18.30 Uhr, Sa. 10–17 Uhr, Do. Abendverkauf bis 19 Uhr. Hier wird Musik auf die Kleinsten zugeschnitten und es gibt Instrumente speziell für Kinderhände jeden Alters, von der Block-, Quer- oder Panflöte über Geigen, Gitarren und afrikanische Congas bis hin zu Tasten- und Rhythmusinstrumenten und zusätzlich ein großes Angebot an Musik- und Märchenbüchern sowie Musikspielen.

23 [M8] **Musik Hug,** Limmatquai 28–30, Tel. 044 2694141, www.musikhug.ch, Mo.–Fr. 10–18.30 Uhr, Sa. 10–17 Uhr. Auf fünf Stockwerken wird so ziemlich alles geboten, was das Musikerherz sich erträumt, von Meisterinstrumenten über Harfen bis hin zu einer Werkstatt für Geigenbau. Natürlich fehlen auch CDs, DVDs und Hörbücher nicht. Besonders groß ist die Auswahl an Weltmusik.

Confiserien

24 [L8] **Confiserie Sprüngli,** Bahnhofstr. 21, www.spruengli.ch, Tel. 044 2244711, Mo.–Fr. 7.30–18.30 Uhr, Sa. 8–18 Uhr. Eine märchenhafte Vielfalt an paradiesischen Köstlichkeiten lockt zum Probieren und Genießen. Das Aushängeschild der Schokoladendynastie sind unbestreitbar die süßen Luxemburgerli, zwei feine Hälften Gebäck, die durch eine cremige Füllung zusammengehalten werden. Die unzähligen Luxemburgerli-Varianten, die es in so unterschiedlichen Geschmacksrichtungen wie Pistache, Champagner, Himbeer oder Citrone gibt, füllen im Laden eine ganze Vitrine.

25 [L7] **teuscher,** Storchengasse 9, www.teuscher.com, Mo.–Fr. 9–19 Uhr, Sa. 10–18 Uhr, So. 16–18 Uhr. Eine schmackhafte Alternative zum prominenteren Sprüngli-Unternehmen. Auch hier lassen die köstlichen Pralinés keine Zuckerträume offen.

Kunsthandwerk und Antiquitäten

26 [M7] **Abraham,** Münstergasse 24, Tel. 044 2618153, Di.–Fr. 11–18 Uhr, Sa. 10–16 Uhr. Dieses Geschäft bietet eine große Auswahl an Jugendstil- und Art-déco-Objekten.

27 [M7] **Antiquites,** Kirchgasse 21, Tel. 044 2524336, Di.–Fr. 9–12 Uhr u. 13–18 Uhr, Sa. 9–16 Uhr (manchmal wegen Auslieferung spontan geschlossen, am besten vorher anrufen). In der mit Antiquitäten, Antiquariaten und Galerien gut ausgestatteten Kirchgasse hat auch dieses kleine Geschäft seinen Sitz. Freunde antiker Möbel und Kunstgewerbe werden hier bestimmt fündig.

28 [M7] **Antik Marangoni,** Rindermarkt 26, Tel. 044 2626202, Di. 12–18.30 Uhr, Mi.–Fr. 10–18.30 Uhr, Sa. 10–16 Uhr. Das kleine Geschäft befindet sich in einem urigen, romantischen Hinterhof. Neben Antiquitäten finden sich hier auch Kunsthandwerk und kleinere Dekorationsgegenstände.

29 [L7] **Vock,** Schipfe 10, Tel. 044 2113434, www.danivockag.ch, in der Regel Mo.–Fr. 8–18 Uhr oder nach Vereinbarung. In der bezaubernden Handwerkergasse Schipfe direkt an der Limmat hat das Antiquitätengeschäft Vock seine Niederlassung. Liebevoll restaurierte Möbel stehen hier ebenso zur Auswahl wie kleinere und größere Deko-Objekte.

Geschenke und Souvenirs

30 [K5] **einzigart,** Josefstr. 36, Tel. 044 4404600, www.einzigart.ch, Di.–Fr. 11–18.30 Uhr, Sa. 10–17 Uhr. Im einzigart werden originelle Möbel und jede Menge schrille Design-Objekte verkauft. Auch für kleines Geld bekommt man hier lustige, überflüssige und überraschende Sachen.

31 [M6] **le boudoir,** Universitätstr. 17, www.leboudoir.ch, Di.–Fr. 12–18.30 Uhr, Sa. 12–16 Uhr. Auf engstem Raum wird eine große Auwahl an Wohnaccessoires, Mobiles, Bilderrahmen, gestrickten Tieren usw. präsentiert. Stöbern lohnt sich!

32 [K5] **Lilli Tulipan,** Josefstr. 18 (im Hinterhof), Tel. 044 2416644, www.lilli-tulipan.ch, Mo.–Fr. 11.30–18 Uhr, Sa. 11–16 Uhr. Der Laden ist voll von buntem und ausgefallenem Kitsch und Krimskrams, das meiste davon aus Plastik: ausgefallene Plastikteller und -tassen, Plastikgirlanden, Plastikblumen, Lichterketten und, und, und. Es bereitet eine wahre Freude, hier zu stöbern.

33 [L7] **Schweizer Heimatwerk,** Uraniastr. 1, www.heimatwerk.ch, Tel. 044 2221955, Mo.–Fr. 9–20 Uhr, Sa. 9–18 Uhr. Traditionelles und modernes Schweizer Kunsthandwerk in Form von Accessoires, Spielsachen und Bekleidung. Eine Zweigstelle befindet sich in der Bahnhofstr. 2.

34 [J3] **teo jakob,** Limmatstr. 266, Tel. 044 2220930, www.teojakob.ch, Di.–Fr. 10–18.30 Uhr, Sa. 10–17 Uhr. Bei teo jakob werden Möbel und Wohnaccessoires in großformatigen Regalen präsentiert: Stühle und Lampen von Marcel Breuer bis Charles und Ray Eames. Große Auswahl an exklusiven Möbeln.

35 [I4] **Walter,** Geroldstrasse 15, Tel. 044 2018383, www.walterwalter.ch, Di.–Fr. 11–19 Uhr, Sa. 10–17 Uhr. Wer Unkonventionelles, Vintage- und Industrial-Stil mag, kommt bei Walter voll auf seine Kosten. Ein Sammelsurium aus individuellen Möbelstücken und Accessoires, zusammengetragen aus allen Ecken dieser Erde, bevölkert das Ladenlokal im Industriequartier.

Märkte

36 [J6] **Flohmarkt Kanzlei,** Kanzleiareal, Sa. 8–16 Uhr, Tram 8, Station: Helvetiaplatz, www.flohmarktkanzlei.ch.
Ein riesiger Ganzjahresflohmarkt, auf dem keine Neuware verkauft werden darf. Entsprechend bunt, flippig und ausgefallen ist das Angebot – hier wird jeder Flohmarktfan garantiert fündig.

37 [J6] **Lebensmittelmarkt am Helvetiaplatz,** Di. u. Fr. 6–11 Uhr, Tram 8, Station: Helvetiaplatz. Der traditionelle Lebensmittelmarkt am Helvetiaplatz ist ein multikultureller Treffpunkt. Aufgrund seiner besonderen Lage im Kreis 4 verkaufen auf diesem Markt Händler vieler Nationalitäten ihre Ware. Eines haben alle Produkte gemeinsam: die für die Schweiz typisch hohe Qualität der Produkte.

38 [M7] **Markt am Rosenhof,** Do. 10–21 Uhr, Sa. 10–16 Uhr, Tram 4, 15, Station: Rathaus, www.rosenhof.ch. Unter den großen Kastanienbäumen des Rosenhofs geht es von März bis Dezember ziemlich alternativ zu: Keramik und Lederwaren, Kunsthandwerk und Schmuck zieren die Marktstände.

008zu Abb.: tk

Bunt und blumig: Solche Stände finden sich auf den Zürcher Märkten

009zu Abb.: tk

Zürich für Genießer

Zürich ist eine Stadt mit sehr hoher Lebensqualität. Man lebt hier gut und dementsprechend geht man gern gut essen und trinken. Das **ausgeprägte kulinarische Qualitätsbewusstsein** der Zürcher wie der Schweizer im Allgemeinen schlägt sich dabei auch auf ihre Restaurantbesuche nieder: Lieber trinkt man wenig von einem teuren, guten Wein, als für wenig Geld viel von einem schlechteren zu trinken. Auch beim Essen werden selten Abstriche gemacht. Die Schweizer geben weltweit das meiste Geld für Bioprodukte aus und achten auch sonst sehr auf die Qualität ihrer Lebensmittel. Dies macht sich auch in den Restaurants und Cafés bemerkbar, die in ihren Speisekarten meist die Herkunft der verwendeten Produkte angeben.

Entsprechend besitzt die Stadt eine unglaublich **große Anzahl von Restaurants auf hohem und höchstem Niveau**, die sich teils im historischen Zentrum, aber auch in Panoramalage über der Stadt, auf dem Zürichberg oder am Zürichsee befinden. Daneben existiert eine große Auswahl an internationalen Spezialitätenrestaurants, zünftigen Gaststätten mit regionaler Küche, Biergärten, Cafés und Bistros. Sonnig an der Limmat und am Zürichsee gelegen, lockt die heimliche Hauptstadt der Schweiz im Sommer mit vielen Cafés und Restaurants, die ihre Tische nach draußen stellen und für ein lebendiges Flair sorgen. Kleine Weinlokale erlauben dem Zürichbesucher, typische Schweizer Weine aus der Umgebung zu genießen. Die Universitätsstadt verfügt außerdem über eine stattliche Menge an einladenden Kneipen, Cafés und Bars, die mit studentisch anmutenden Preisen und lockerer Atmosphäre überzeugen.

⌃ *Eine der vielen Siesta-Möglichkeiten in der Altstadt*

Die Zürcher und Schweizer Küche

Die Zürcher Küche ist eine **bürgerliche und gehaltvolle Küche.** Die berühmteste Spezialität dieser Küche ist das **Züri-Geschnetzelte:** ein Pfannengericht, in dem Champignons und Kalbfleisch-Geschnetzeltes zwar die Hauptzutaten darstellen, für das es aber sicher so viele Rezepte gibt wie Zürcher Köchinnen und Köche. Im Restaurant Hiltl (s. S. 28) kann man sogar die vegetarische Variante probieren. Zum Züri-Geschnetzelten wählt man häufig **Röschtis.** Diese Schweizer Spezialität besteht aus geriebenen Kartoffeln, die in der Pfanne gebraten und in Fladenform gegessen werden. Röschtis sind aber bei Weitem nicht nur als Beilage erhältlich, sondern in vielen Restaurants auch als Hauptspeise in vielfältigen Variationen.

Eine Schweizer Nationalspeise, die man natürlich auch in Zürich bekommt, ist die **Wähe:** Sie ist der Pizza nicht ganz unähnlich – der Boden besteht jedoch aus Mürbe- und nicht aus Hefeteig – und kommt in unterschiedlichen Geschmacksrichtungen daher. Entsprechend wird der dünn ausgerollte Teig wahlweise mit Gemüse, Früchten, Speck, Schinken oder Käse belegt. Die Zürcher essen die Wähen am liebsten am Freitag, dem traditionellen Wähentag.

Im Käseland Schweiz dürfen natürlich auch die Gerichte nicht zu kurz kommen, in denen der Käse ganz oben auf der Zutatenliste steht: Das **Käsefondue** findet auch in Zürich begeisterte Anhänger und ist in vielen Restaurants erhältlich. Ähnlich verhält es sich mit dem **Raclette.** Aufgrund der Lage am Zürichsee erhält man in Zürich auch sehr gute **Fischgerichte**, darunter Forellen, Egli, Felchen oder Hecht, die fangfrisch auf die Tische der Restaurants kommen.

Zu den Speisen wird **Schweizer Wein** gereicht, der einen ausgezeichneten Ruf genießt – auch wenn man das außerhalb der Schweiz nicht unbedingt weiß. Denn die Anbaugebiete sind klein, sodass wenig Schweizer Wein in den Export gelangt und die Eidgenossen ihren Rebensaft selbst genießen. Aus Zürich kommt der **Clevner**, eine Art junger Rotwein, den man in Deutschland mit einem Spätburgunder vergleichen würde. Der **Räuschling** hingegen ist ein Zürcher Weißwein, der aus einer alten weißen Rebsorte gewonnen wird. Selbstverständlich findet man auf den Weinkarten auch viele Sorten der größeren und bekannteren Schweizer Anbaugebiete wie dem Tessin, der Genferseeregion und dem jungen Rhone-Tal.

Smoker's Guide

Seit dem Jahr 2010 gilt auch im Kanton Zürich das **Rauchverbot in Innenräumen** aller Restaurations- und Hotelbetriebe. Es besteht hier aber die Möglichkeit – bei Einhaltung bestimmter gesetzlicher Vorgaben –, zum Rauchen abgetrennte Räume zur Verfügung zu stellen. Offiziell sind alle geschlossenen Räume, die öffentlich zugänglich sind oder mehreren Personen als Arbeitsplatz dienen, rauchfreie Zonen. Dazu zählen auch Treppenhäuser und Kantinen. In abgetrennten Raucherräumen, Privathaushalten und im Freien bleibt das Rauchen gestattet.

⊡ Sonnige Plätze vor dem Zunfthaus zur Waag (s. S. 30) am prachtvollen Münsterplatz

Kulinarischer Tagesablauf

In den Tag startet der Zürcher mit dem **Zmörgele**, womit zur Sprache gebracht werden will, dass man das Frühstück langsam und bedächtig genießt. Auf den Tisch kommen neben dem Kaffee natürlich das **Gipfeli** (Croissant) sowie Brot, das wahlweise mit Käse, Wurst oder Marmelade gegessen wird. Eine weitere Schweizer Spezialität auf dem Frühstückstisch ist das **Birchermüesli.** Es ähnelt normalen Müslis und auch beim Birchermüesli sind den Variationen kaum Grenzen gesetzt. Ob man seine Haferflocken nun mit Milch oder Joghurt einweicht, Hasel- oder Walnüsse, Äpfel oder Birnen hinzumischt – für jeden Geschmack gibt es das entsprechende Müsli. Das Mittagessen ähnelt sehr dem des großen Nachbarn im Norden. In der Regel wird nicht allzu viel Zeit darauf verwendet, da bei den meisten Zürchern die Arbeit ruft. Deshalb ist das Mittagessen leicht, schnell und natürlich alkoholfrei. **Am Nachmittag** genießen Zürcher die Gesellschaft bei einer Tasse Kaffee, Kuchen und Pralinés. Cafés und Confiserien gibt es für Kaloriensünder in Zürich zuhauf, die Auswahl an süßen Spezialitäten in der Stadt ist legendär. Wenn man Zürich besucht, sollte man deshalb alle Diätpläne auf die Zeit nach der Reise verlegen.

Am Abend dann nehmen die Zürcher ihre Hauptmahlzeit ein, was zu einem gewissen Andrang in den Restaurants führt.

EXTRATIPP

Erfrischung gratis

Zürich gehört zu den Städten in der Welt, die die meisten **Brunnen** besitzen. Die über 1200 Brunnen haben allesamt Trinkwasserqualität. Wer sich also umsonst seine Wasserflasche auffüllen will, hält einfach die Flasche unter den Wasserstrahl. Dies ist gerade bei sommerlichen Streifzügen eine ideale und kostenlose Art, um sich mit Flüssigkeit zu versorgen.

Hiltl – fleischlos glücklich

In den Nachbarländern herrschten noch Kaiser und Könige, als das ***älteste vegetarische Restaurant Europas*** *seine Pforten öffnete. Es war im Jahre 1898 und die Einrichtung trug den sperrigen Namen „Vegetarierheim und Abstinenz-Café". In einer Zeit, da Fleischgerichte als Statussymbol galten und jedes Sonntagsessen prägten, hatte das Vegetarierheim zunächst nur wenig Erfolg.*

Erst als nach der Jahrhundertwende ein junger Mann namens ***Ambrosius Hiltl*** *(1877–1969) das Vegetarierheim kennenlernte, nahm die Geschichte der Gaststätte eine entscheidende Wendung. Der gelernte Schneider aus Bayern hatte sich einige Jahre zuvor in Zürich niedergelassen und war 1901 an Rheuma erkrankt. Da ihm sein Arzt einen baldigen Tod prophezeit hatte, für den Fall, dass Hiltl seine Ernährung nicht radikal auf fleischlose Kost umstellen würde, ernährte sich der junge Mann von nun an vegetarisch und lernte dadurch das „Vegetarierheim" kennen, das die zeitgenössischen Einheimischen abfällig als „Wurzelbunker" und seine Gäste als „Grasfresser" verspotteten.*

Hiltl war das einerlei, denn mithilfe der fleischlosen Kost kurierte er sein Leiden. Als das wirtschaftlich marode Haus 1903 einen Geschäftsführer suchte, griff der bayerische Schneider zu und machte aus dem Vegetarierheim ***in kurzer Zeit ein florierendes Restaurant****, das er schon 1904 als Inhaber übernehmen konnte. In der Küche der Gaststätte und im Service wirkte Martha, Hiltls Ehefrau, die aus Sachsen stammte und selbst in einer vegetarisch lebenden Familie aufgewachsen war.*

Durch die fantasievollen Bemühungen in der zweiten Generation der Hiltls fand ab den 1950er-Jahren die ***indische Küche*** *Eingang auf der Speisekarte des außergewöhnlichen Zürcher Restaurants. Margrith Hiltl war*

Empfehlenswerte Lokale

39 [G2] **Brasserie Bernoulli** €€, Hardturmstr. 261, www.brasseriebernoulli.ch, Tel. 044 5638737, Mo.–Fr. 7.30–24 Uhr, Sa. 17–24 Uhr, Tram 17, Station: Bernoulli-Häuser. Kahle Betonwände, die an die Entwürfe des japanischen Architekten Tadao Ando erinnern, gerade Linien und lange, symmetrisch angeordnete Tischreihen – die Brasserie passt perfekt in den jungen, dynamischen Kreis 5, auch wenn sie sich an dessen Rand befindet. Die Speisekarte ist außergewöhnlich und deckt Fleisch, Fisch und Vegetarisches ab.

40 [L8] **Coco** €€, Bleicherweg 1A, Paradeplatz, www.restaurant-coco.ch, Tel. 044 2119898, Mo.–Fr. 11–15 Uhr und 17–24 Uhr, Sa. 17.30–0.30 Uhr, Tram 2, 6, 7, 8, 9, 11, 13, Station: Paradeplatz. Obwohl an einem der am stärksten frequentierten Plätze in Zürich beheimatet, wird das Coco von den meisten Touristen übersehen, denn es versteckt sich in einer winzigen Seitenstraße. In unmittelbarer Nachbarschaft zum großen Treiben wirkt das Coco wie eine kleine

Gastro- und Nightlife-Areale

Bläulich hervorgehobene Bereiche in den Karten kennzeichnen Gebiete mit einem dichten Angebot an Restaurants, Bars, Klubs, Discos etc.

1951 offizielle Delegierte der Schweiz beim Welt-Vegetarierkongress in Neu-Delhi und hatte auch durch ihre indischen Gäste Einblicke in die Kochkunst aus deren Heimatland bekommen. Schon bald konnte man im Hiltl auf Bestellung indische Gerichte erhalten. Die dafür benötigten Gewürze – Koriander, Kurkuma, Kardamom, Curry und andere – brachten die indischen Freunde von zu Hause mit, da derart exotische Zutaten selbst im gut sortierten Zürcher Lebensmittelhandel Mitte des letzten Jahrhunderts nicht aufzutreiben waren. Anfangs musste sich die Chefin des Hauses gegen den Spott und die Skepsis ihrer Mitarbeiter wehren, bald aber wurden die indischen Speisen immer öfter verlangt und noch auf der aktuellen Speisekarte des Hiltl zeigt sich der breite Einfluss der indischen Küche.

Im Jahr 1973 eröffnete nach weitreichenden Umbauarbeiten das neue „Hiltl Vegi" mit Salatbuffet und einer großen Auswahl an natürlichen Säften. Anfangs ein waghalsiges Unternehmen, profitiert man bei Hiltl längst von der boomenden vegetarischen Ernährungsweise und dem ***Trend zur Fleischlosigkeit.*** *In der vierten Generation unter der Leitung Rolf Hiltls wurde 2007 das neue Haus Hiltl eröffnet, das neben Restaurant auch Bar und Klub, Café, Konditorei, Kochschule, Laden und ein Take-away ist. Zur Verblüffung mancher Gäste bietet die Speisekarte durchaus Klassiker der Fleischküche wie das Züri-Geschnetzelte oder Spaghetti Bolognese, die aber auf vegetarische Weise zubereitet werden. Für das Geschnetzelte verwendet man Seitan, ein Produkt aus Weizeneiweiß, die Pasta werden mit Soja gereicht.*

Aus dem „Wurzelbunker" ist ***eines der angesagtesten Restaurants der Zürcher Gastronomieszene geworden,*** *das mit seinem legendären Hiltl-Buffet auch Teilzeit-Vegetarier, sprich bekennende Fleischesser, anlockt (s. S. 28).*

Oase (fast) fernab aller Hektik. Im Sommer lässt man es sich im begrünten Terrassengarten schmecken, im Winter im kleinen Lokal, das dem Innenleben eines Fischkutters nachempfunden ist.

41 [I3] **Gnüsserei** €€, Giessereistr. 18, Tel. 044 4400001, www.gnuesserei.ch, Mo.–Fr. 8–23 Uhr, Sa., So. 9–23 Uhr, Tram 4,13, Station: Escher-Wyss-Platz. Hier, in einer ehemaligen Giessereihalle, spürt man noch, dass Zürich-West einst ein Industrieviertel war. Die Gnüsserei ist ein El Dorado (nicht nur) für Fleisch-Liebhaber. Neben den Klassikern wie Entenbrust, Lammrücken und Zürcher Geschnetzeltem findet man auch Bison, Pferdefilet und (sehr empfehlenswerten) Wasserbüffel.

42 [M8] **Kronenhalle** €€, Rämistr. 4, Tel. 044 2629900, www.kronenhalle.ch, tgl. 12–24 Uhr, Tram 2, 4, 5, 8, 9, 11, Station: Bellevue. Die Kronenhalle ist eine kulturelle wie gastronomische Institution, hier speist man Zürcher Geschnetzeltes ebenso wie Wiener Schnitzel. Die Bratwurst ist sicherlich die teuerste auf der ganzen Welt – dafür sitzt man unter einem echten Miró, Picasso, Tinguely oder Klee (s. S. 76).

Preiskategorien Restaurants

€	Hauptgericht bis 20 CHF (bis 16 €)
€€	Hauptgericht 20–40 CHF (16–32 €)
€€€	Hauptgericht ab 40 CHF (ab 32 €)

43 [I3] **La Salle** €€, Schiffbaustr. 4, Tel. 044 2587071, www.lasalle-restaurant.ch, Mo., Di. 11–24 Uhr, Mi., Do. 11–1 Uhr, Fr. 11–2 Uhr, Sa. 17–2 Uhr, So. 17–24 Uhr, Tram 4, Station: Schiffbau. Das Restaurant beeindruckt durch seine riesige Glasfront, die manch einen an ein Aquarium denken lässt. Der hohe Raum mit dem gewaltigen Kronleuchter ist stilecht eingerichtet und in ein Speiselokal und eine Bar mit Stammtisch gegliedert. Französische und italienische Gerichte stehen im Vordergrund.

44 [J4] **Maison Blunt** €, Gasometerstr. 5, www.maison-blunt.ch, Tel. 043 2110033, Mo.–Fr. 11.30–14 Uhr und 18–23 Uhr, Sa., So. 10–23 Uhr. Marokkanischer Wein, Kaffee mit Kardamom, Hummus und Couscous: Das Maison Blunt gehört bei Freunden arabischer Küche zu den begehrtesten Plätzen der Stadt. Unser Tipp, von dem auch zwei mittlere Esser satt werden, ist die große Mezzeplatte und Bierfans müssen hier nicht auf das leckere lokale Turbinen-Bräu verzichten.

45 [L10] **Seerestaurant Quai 61** €€, Mythenquai 61, Tel. 044 4056161, www.quai61.ch, Restaurant: Mo.–Fr. 11.30–14.30 Uhr und 18–24 Uhr, Sa. 18–24 Uhr, So. 10–18 Uhr, Bar: Mo.–Do. 14.30–24 Uhr, Fr. 14.30–1 Uhr, Sa. 16–1 Uhr, Bus 161, 165, Station: Schweizer Rück. Im Quai 61 kann man sich nicht entscheiden, was nun besser ist: die atemberaubende Aussicht auf den See, die Stadt (und bei gutem Wetter auf die Alpen) oder das Essen. Ferienstimmung stellt sich hier von ganz alleine ein.

Italienisch

46 [K5] **Cinque** €€, Langstr. 215, Tel. 044 2724630, www.restaurant-cinque.ch, Mo.–Fr. 11.30–14 Uhr u. 18.30–22 Uhr, Sa. 18.30–22 Uhr, Tram 4, 13, 17, Station: Limmatplatz. Das Cinque ist im Grunde genommen kein Italiener, sondern eine Inszenierung dessen, was man sich in der Schweiz unter einem typisch italienischen Familienrestaurant vorstellt. Vollgestopft mit italienischem Kitsch und alten Fotografien hat man fast das Gefühl, in einem italienischen Wohnzimmer zu sitzen.

47 [M6] **Ristorante Hot Pasta** €, Universitätstrasse 15, Tel. 043 5357665, Mo.–Fr. 8–24 Uhr, Sa. 9–24 Uhr, warme Küche 11–23 Uhr, WLAN. Man trifft in Zürich immer wieder auf kleine italienische Inseln und auch das Hot Pasta beamt einen gleichsam ins „Stiefelland". Für rund 13–18 Franken gibts leckere Pastavariationen, Salate und italienische Sandwiches. An einfachen Holztischen und -stühlen sitzt man unter Porträts von Sophia Loren & Co. und lässt sich einen guten Hauswein oder eine Aranciata – eine besondere Orangenlimonade – schmecken.

48 [I4] **Rosso** €€, Geroldstr. 31, Tel. 043 8182254, www.restaurant-rosso.ch, Mo.–Fr. 11.30–0.30 Uhr, Sa., So. 17–0.30 Uhr, Tram 4, Station: Schiffbau. Das Rosso besticht durch die Ästhetik eines Fabrikgebäudes: Stahl, Beton, graue Farben und einfaches Mobiliar, das an deutsche Uni-Cafeterias erinnert. Man verzichtet hier auf Schmuck und Schnickschnack, es gibt nur Tische, Stühle, Gläser und Besteck. Trotzdem oder gerade deshalb versprüht das Rosso Atmosphäre und Lebendigkeit, das Publikum strömt in Scharen hierhin.

49 [M7] **Spaghetti Factory** €€, Niederdorfstr. 5, Tel. 044 2519400, So.–Do. 11–0.30 Uhr, Fr., Sa. 11–2 Uhr, Tram 4, 15, Station: Rathaus. 1982 wurde die Spaghetti Factory in Zürich gegründet und hat seitdem noch sechs weitere Restaurants in der Schweiz eröffnet. In Zürich sitzt man in einem weitläufigen Raum mit hohen Decken und schöner

Innenausstattung. Neben einer großen Auswahl an Spaghettigerichten gibt es Fleisch- und Fischgerichte, Salate und Tagesmenüs.

Regionale Küche

Siehe dazu auch Extratipp „Zunfthäuser“ (S. 30).

50 [M7] **Adlers Swiss Chuchi** €, Rosengasse 10, Tel. 044 2669696, www.hotel-adler.ch/restaurant-swiss-chuchi, tgl. 11.30–23.15 Uhr, Tram 4, 15, Station: Rudolf-Brun-Brücke. In diesem gutbürgerlichen Restaurant kann man Schweizer Spezialitäten wie z. B. verschiedene Fonduevariationen oder auch den traditionellen Wurst-Käse-Salat in heimeliger Atmosphäre genießen. In den Sommermonaten laden die zahlreichen Tische an der belebten Niederdorfstrasse zum Schlemmen im Freien ein. Zu unserer großen Überraschung lassen sich manche Gäste selbst bei einer Sommerhitze von 36 °C im Schatten das brodelnde Schweizer Nationalgericht Käsefondue schmecken.

51 [M5] **Crazy Cow** €, Leonhardstr. 1, Tel. 044 2614055, www.crazycow.ch, tgl. 10–24 Uhr, Tram 6, 7, 10, 15, Station: Haltenegg. „Ässe + trinke“ auf Schweizer Art kommt im Crazy Cow mit einem ausgetüftelten Gastrokonzept daher: Die Originalgerichte aus den vier Landesteilen der Schweiz genießt man bei schweizerischer Unterhaltungsmusik und Filmen oder Videoclips aus dem Alpenland. Die selbstverständlich in Schweizerdeutsch gehaltene Speisekarte preist Gerichte an wie *Waadtländer, Böllesuppe, Bläächschade* oder *Röschtimegagigaburger.*

52 [M6] **Johanniter Bierkeller** €, Niederdorfstr. 70, www.johanniter.com, Tel. 044 2536200, So.–Do. 11–23.30 Uhr, Fr., Sa. 11–1.30 Uhr, Tram 3, 4, 6, 7, 10, 15, Station: Central. Für Bierfreunde ist der Keller ein schöner Ort: Neben Hürlimann vom Fass wird hier Heineken, Budweiser, San Miguel, Schneider Weisse, Feldschlößchen und Carlsberg aus der Flasche serviert. Besonders gut hat uns das naturtrübe Appenzeller Quöllfrisch aus der Bügelflasche geschmeckt. Die Küche bietet herzhafte Kost (Rösti, Schnitzel, Steak) zu erfreulichen Preisen.

53 [L8] **Zeughauskeller** €€, Bahnhofstr. 28 a, www.zeughauskeller.ch, Tel. 044 2201515, tgl. 11.30–23 Uhr, Tram 2, 6, 7, 8, 9, 11, 13, Station: Paradeplatz. Der Zeughauskeller ist eine Institution für Schweizer Spezialitäten und deftige Speisen. Fleisch und Wurst überwiegen deutlich auf der Speisekarte, aber es wird durchaus der eine oder andere Blattsalat angeboten. Zur Mittagszeit ist es in dem Restaurant sehr voll, zumeist findet sich aber ein Tisch.

Asiatisch

54 [I10] **Hong Kong Food Paradise** €, Kalanderplatz 1, Tel. 044 2518202, Mo.–Sa. 10.30–22.30 Uhr, Tram 5, 13, Station: Utobrücke. In der Sushibar fahren die Fischröllchen auf kleinen Transportbändchen vorbei, eine Theke weiter gibt es eine große Auswahl an Wok-Menüs und an einer weiteren Theke werden indische Gerichte gebrutzelt. Dazu wird chinesisches und indisches Bier gereicht.

55 [K5] **Lily's** €, Langstr. 197, Tel. 044 4401885, www.lilys.ch, Mo.–Do. 11–24 Uhr, Fr., Sa. 11–1 Uhr, So. 11–22.30 Uhr, Tram 4, 13, 17, Station: Limmatplatz. „Take a few lessons in simplicity“ ist das Motto von Lily's, das reduzierte Ambiente mit langen Holztischen und Bänken also Programm. Hier verspeist man jedoch kein reduziertes Essen, sondern asiatische Köstlichkeiten: Wok- und Nudelgerichte, Suppen und Currys.

56 [I3] **Nooch** €, Heinrichstr. 267, Tel. 043 3668535, www.nooch.ch, Mo.–Do.

11–23 Uhr, Fr. 11–24 Uhr, Sa. 12–24 Uhr, So. 12–23 Uhr, Tram 4, 13, 17, Station: Escher-Wyss-Platz. Nach eigener Darstellung ist das Nooch die erste „Noodle Canteen and Bar" in Zürich-West. Als Vorbild dienten die populären Noodlebars in Japan, weshalb auf der Speisekarte Tipps gegeben werden, wie man bestimmte Menüs zu essen hat. Man sollte sich also nicht wundern, wenn der Tischnachbar seine Nudelsuppe aus der Schale schlürft und die Zutaten mithilfe der Stäbchen in den Mund führt, denn so wird diese in Asien nun einmal gegessen.

Spanisch

57 [M7] **Bodega Española** €-€€, Münstergasse 15, Tel. 044 2512310, tgl. 10–24 Uhr, Tram 4, 15, Station: Rathaus. In diesem ältesten spanischen Restaurant Zürichs hat sich seit seiner Gründung im Jahr 1874 nicht viel verändert – zum Glück! In der Tapas-Bar im Untergeschoss geht es gesellig und laut zu, die holzvertäfelten Räume und das uralte Interieur und Mobiliar wirken sympathisch heruntergekommen Die Tapas sind absolut preisgünstig und werden direkt an der Theke bestellt. Großzügig werden die kleinen Schalen von den Kellnern befüllt, je nach Wahl mit Meeresfrüchten, Fleisch, Salaten oder Vegetarischem.

58 [M7] **Madrid** €€€, Brunngasse 12, www.restaurant-madrid.ch, Tel. 044 2511333, tgl. 11.30–23 Uhr, Tram 2, 6, 7, 8, 9, 11, 13, Station: Paradeplatz. Das Madrid möchte spanische Traditionen in Zürich lebendig werden lassen und verspricht dies mit viel Fleisch, Fisch und Meeresfrüchten auf der Karte. Im Sommer werden die Tische auch vor der Tür platziert.

Vegetarisch

59 [L6] **Bona Dea** €€, Bahnhofplatz 15, Tel. 044 2171515, www.bona-dea.ch, tgl. 11.30–14.30 Uhr und 17.30–23 Uhr, Tram 3, 10, 14, 31, Station: Bahnhofplatz, Hauptbahnhof. Im Bona Dea wird die vegetarische Küche Asiens zelebriert. Das Buffet ist stets kunstvoll drapiert.

60 [L7] **Hiltl** €, Sihlstr. 28, Tel. 044 2277000, www.hiltl.ch, Mo.–Mi. 6–24 Uhr, Do.–Sa. 6–open end, So. 8–open end, Tram 6, 7, 11, 13, Station: Rennweg. Eine Institution in Sachen vegetarischer Küche – und das nicht nur in Zürich (s. S. 24). In vierter Generation führt Rolf Hiltl Europas erstes vegetarisches Restaurant (seit 1898), das sein Urgroßvater Ambrosius Hiltl bereits 1904 übernahm. Man kann sich im vorderen Teil des Restaurants am Buffet bedienen oder sich im hinteren Teil und im Obergeschoss das Essen servieren lassen.

011zu Abb.: tk

Ein kleines Stück Spanien mitten in Zürich: die urige Bodega Española

EXTRATIPP

Lecker vegetarisch

In den Speisekarten der meisten Restaurants finden sich auch vegetarische Gerichte. Folgende Restaurants kommen gänzlich ohne Fleisch aus:

› **Hiltl** (s. S. 28)
› **Samses** (s. S. 29)
› **Bona Dea** (s. S. 28)

Für den späten Hunger

Wem der Magen noch spät am Abend knurrt, dem servieren die **New-Point-Bar** oder das **Point** auch nach Mitternacht warme Speisen. Die Imbisse haben bis 4 Uhr morgens und am Wochenende sogar durchgehend (New Point) bzw. bis um 5 Uhr (Point) geöffnet. An den großen Plätzen wie dem Bellevue, der belebten Langstrasse oder der Hardturmstrasse findet man außerdem immer einen Imbiss, der nachts noch einen kleinen Snack verkauft.

63 [K5] **New-Point-Bar,** Langstr. 206
64 [M7] **Point,** Niederdorfstr. 19

Lokale mit guter Aussicht

Das **Seerestaurant Quai 61** (s. S. 26) bietet eine spektakuläre Aussicht auf den Zürichsee und bei gutem Wetter auf die Schweizer Alpen. Die Selbstbedienungsrestaurants der großen **Kaufhäuser Jelmoli und Manor** (s. S. 16) verfügen über schöne Außenterrassen, auf denen man einen tollen Panoramablick über Zürich erhält.

Raucher willkommen

Viele Restaurants verfügen über Außenbereiche, wo beherzt gequalmt werden kann – im Winter sind diese bisweilen mit Heizpilzen und Decken ausgestattet. Für Raucher eine gute Anlaufstelle sind: **Café Zähringer** (s. S. 70), **Restaurant Markthalle** (s. S. 92), **Zeughauskeller** (s. S. 27), **Hiltl** (s. S. 28).

Dinner for one

Alleinreisende müssen sich in Zürich nicht verschämt in eine Ecke setzen, um sich in einem Restaurant oder einer Kneipe einen schönen Tag oder Abend zu machen. In der **Confiserie Sprüngli** (s. S. 19) finden sich viele Gäste, die alleine an einem Tisch sitzend die süßen Köstlichkeiten genießen. Im **Hiltl** (s. S. 28) wird man im Restaurant im ersten Stock von den Bedienungen an die langgezogenen Tische geführt, weshalb oftmals Fremde zusammen an einem Tisch essen – was durchaus zu geselligen Abenden und neuen Bekanntschaften führen kann.

Grundsätzlich alleine speisen auch viele Kunden in den schicken **Selbstbedienungsrestaurants von Jelmoli und Manor** (s. S. 16), den großen Kaufhäusern an der Bahnhofstrasse. Die vielen Kneipen und Pubs im Niederdorf und in Zürich-West kann man ohnehin problemlos alleine betreten.

61 [K4] **Samses** €, Langstr. 231, Tel. 044 4401313, www.samses.ch, Mo.–Fr. 11–23 Uhr, Sa. 16–23 Uhr, Tram 4, 13, 17, Station: Limmatplatz. Das Samses bietet ein großes vegetarisches Buffet zu erschwinglichen Preisen im kultigen Industriequartier.

62 [M9] **tibits** €, Seefeldstr. 2, Tel. 044 2603222, www.tibits.ch, Mo.–Do. 6.30–23.30 Uhr, Fr. 6.30–24 Uhr, Sa. 8–24 Uhr, So. 9–23.30 Uhr, Tram 2, 4, 5, 8, 9, 11, 15, Station: Bellevue. Kreative vegetarische Küche in farbenfrohem Design zu moderaten Preisen. Die Tagesgerichte, Salate, Früchte oder Desserts stellt man sich am Buffet selbst zusammen und bezahlt das Ganze anschließend nach Gewicht an der Kasse. Sandwiches und Getränke gibt es direkt an der Theke. Unser persönlicher Saft-Tipp: Tutti Frutti, bestehend aus Orange, Apfel, Birne, Banane, Kiwi und Sanddorn.

EXTRATIPP

Zunfthäuser

Wie in vielen Städten Mitteleuropas errichteten die mittelalterlichen Handwerkervereinigungen, die Zünfte oder Gilden, auch in Zürich prächtige sogenannte Zunfthäuser, die zu Versammlungs-, Verwaltungs- und Festzwecken dienten. Gerade in der Schweiz und hier besonders in Zürich haben sich, bewahrt vor Kriegseinwirkungen, viele Zunfthäuser erhalten. Um Macht und Reichtum zu demonstrieren, wurden diese Repräsentationsbauten **außen und innen aufwendig verziert** und begeistern mit ihrem Schmuck den Betrachter. Heute beherbergen einige der noblen Zürcher Zunfthäuser hochklassige Restaurants.

65 [M7] **Zunfthaus zum Rüden** €€€, Limmatquai 42, www.hauszumrueden.ch, Tel. 044 2619566, Mo.–Fr. 12–15 Uhr und 18.30–24 Uhr, Tram 4, 15, Station: Rathaus. Das Haus zum Rüden wurde im Jahr 1348 erbaut und aus dieser Zeit stammt auch noch die Holzdecke, die den gotischen Saal des Restaurants überwölbt. Ein Besuch im Zunfthaus zum Rüden gleicht einer Zeitreise: überall aufwendige Gestaltungselemente aus früheren Jahrhunderten, die mit viel Liebe zum Detail angefertigt wurden. Hinzu kommt eine einmalige Aussicht auf die Limmat, den See, die Altstadt und die Berge. Die Küche reicht von traditionell bis innovativ.

66 [M7] **Zunfthaus zur Schmiden** €€, Marktgasse 20, Tel. 044 2505848, www.zunfthausschmiden.ch, Mo. 11.30–14.30 Uhr, Di.–Fr. 11.30–14.30 Uhr und 18–23.30 Uhr, Sa. 18–23.30 Uhr, Tram 4, 15, Station: Rathaus. Beinahe 600 Jahre alt ist das Zunfthaus zur Schmiden, das sich seit 1412 im Besitz der Schmiedezunft befindet – sozusagen ein altehrwürdiges Haus, in dem traditionelle Schweizer Küche gepflegt wird. Der 1. Stock beherbergt eine der ältesten und besterhaltenen Zunftstuben mit einer herrlichen gotischen Decke.

67 [L7] **Zunfthaus zur Waag** €€, Münsterhof 8, http://zunfthaus-zur-waag.ch, Tel. 044 2169966, tgl. 9–24 Uhr, Tram 4, 15, Station: Rathaus. Das prächtige Zunfthaus zur Waag liegt am Münsterhof in direkter Nachbarschaft zum Fraumünster und fällt schon von Weitem wegen seiner hellblauen Fassade auf. Das Giebelhaus von 1436 beherbergte das Zunftlokal der Leinen- und Wollweber, Hutmacher und Bleicher. Im Inneren erkennt man die Liebe zum Detail: Das Restaurant im ersten Stock ist im Biedermeierstil eingerichtet, eine kleine Wanduhr aus dem 17. Jh. hängt links vom Eingang. Von hier hat man einen herrlichen Blick auf den Münsterhof. Die Küche ist exzellent, es werden u. a. französische und zünftige Zürcher Gerichte serviert und auch Weine aus der Zürichregion stehen auf der Karte.

012zu Abb.: zh

An edlen Tafeln herrscht in Zunfthäusern kein Mangel

Weinlokale

68 [I6] **Restaurant-Bar Caduff's Wine Loft,** Kanzleistr. 126, Tel. 044 2402255, www.wineloft.ch, Mo.–Fr. 11–14.30 Uhr und 17–24 Uhr, Sa. 17–24 Uhr, Tram 2, 3, 8, Station: Bäckereianlage oder Bellevue. Hier wird die Liebe zum Wein großgeschrieben. Sage und schreibe 2222 Weine aus aller Welt lagern im Keller, mindestens 20 davon werden offen ausgeschenkt. Das Restaurant kann man auch dann besuchen, wenn man nur ein Glas Wein probieren möchte: An der 18 Meter langen Bar werden dem Gast, der selbst noch unsicher oder einfach offen für Neues ist, edle Tropfen empfohlen.

69 [M7] **Weinschenke Hirschen,** Niederdorfstr. 13, Tel. 043 2683333, Mo.–Sa. ab ca. 16.30 Uhr, Tram 4, 15, Station: Rathaus. Die Weinschenke ist ein absoluter Tipp in Zürich. Unter dem Hotel Hirschen steigt man hinab in ein historisches Kellergewölbe aus dem 17. Jh., das inzwischen zu einem stimmungsvollen Weinkeller umfunktioniert wurde. Edle Tropfen (auch aus der Region Zürich) werden wahlweise mit kleinen Snacks serviert. Kerzen beleuchten den Raum und sorgen für eine fast mittelalterliche Atmosphäre.

Cafés und Teehäuser

70 [M7] **Cabaret Voltaire,** Spiegelgasse 1, www.cabaretvoltaire.ch, Tel. 043 2685720, Mo. 20–24 Uhr, Di.–Do. 12.30–24 Uhr, Fr., Sa. 12.30–2 Uhr, So. 12.30–19 Uhr, Tram 3, Station: Neumarkt, WLAN. Eine der wichtigsten Kunstbewegungen der Moderne nahm am 5. Februar 1916 hier ihren Anfang. An dem Tag eröffneten Hugo Ball, Emmy Hennings, Hans Arp, Tristan Tzara und Marcel Janco das legendäre Cabaret Voltaire und begründeten damit den Zürcher Dadaismus. Vom Haus an der Spiegelgasse 1 ging Dada in die Welt. Fast 90 Jahre später wurde der Geist der Vergangenheit zurück in die Räume geholt, das Cabaret Voltaire 2002 wiedereröffnet – mit einer Café-Bar, die herrlich chaotisch eingerichtet ist und auch Architekturliebhaber erfreuen wird.

71 [M7] **Café Schober,** Napfgasse 4, Tel. 044 2515150, http://peclard-zurich.ch, Mo.–Mi. 8–19 Uhr, Do.–Sa. 8–23 Uhr, So. 9–19 Uhr, Tram 4, 15, Station: Rathaus, WLAN. Das Café Schober gehört zu den alten Café-Institutionen Zürichs: Bis ins Jahr 1842 reicht die Geschichte dieser wunderbaren Bäckerei und Confiserie zurück, die seit 2009 umfassend renoviert in neuem Glanz erstrahlt. Auf drei Etagen wird der Gast mit süßen Köstlichkeiten verwöhnt. Neben den legendären Kuchen und Desserts, den Kaffeevariationen und fast 50 Teesorten kann man aber auch Flammkuchen oder Quiches verzehren. Atmosphärischer Höhepunkt ist sicher der rote Salon mit seinen tiefen Sesseln, gemütlichen Sofas und dem schummerigen Licht.

013zu Abb.: nw

Einladendes Ambiente findet man in Zürich an (fast) jeder Ecke

› **Café Sprüngli** (s. S. 19). Die Mutter aller Zürcher Cafés ist einfach Kult. Wer es traditionell und kalorienreich liebt, kann hier wahlweise frühstücken, Mittag essen oder seinen Nachmittagstee mit feinsten Pralinés und Patisserien genießen. Sowohl bei Touristen als auch bei Einheimischen äußerst beliebt, geht es im pastellblauen Caféraum immer ziemlich lebendig zu.

72 [M8] **Cakefriends,** Torgasse 3, Tel. 044 2522211, www.cakefriends.ch, Mo.–Sa. 10–22 Uhr, So. 10–20 Uhr, Tram 2, 4, 5, 8, 9, 11, 15, Station: Bellevue. Das Cakefriends ist wahrlich eine Schatzkammer für Freunde kleiner Köstlichkeiten. Sowohl süße wie auch salzige Snacks von hoher Qualität findet man hier in Hülle und Fülle: Gipfeli, Muffins, Ofenchüechli (kleine salzige Küchlein), Minicakes, Quiches ... Selbst Häagen-Dazs-Eis wird serviert.

73 [M8] **Odeon,** Limmatquai 2, Tel. 044 2511650, www.odeon.ch, Mo.–Do. 7–2 Uhr, Fr., Sa. 7–4 Uhr, So. 9–2 Uhr, Tram 2, 4, 5, 8, 9, 11, 15, Station: Bellevue. Seit das Odeon am 1. Juli 1911 seine Türen öffnete, gab sich die Kulturprominenz förmlich die Klinke in die Hand. In dem legendären Kaffeehaus, das zugleich eine Bar ist, genossen schon James Joyce, Friedrich Dürrenmatt oder Stefan Zweig ihre Drinks. Das Odeon ist nach wie vor ein prächtiges Jugendstilcafé mit großen Fenstern und Kronleuchtern – und natürlich auch mit köstlichen Snacks und täglich wechselnden Menüs.

74 [M7] **Teecafé Schwarzenbach,** Münstergasse 19, Tel. 044 2611315, www.schwarzenbach.ch, Mo.–Fr. 8–19 Uhr, Sa. 9–17.30 Uhr, Tram 4, 15, Station: Rathaus. Ein Teecafé der Superlative: 130 verschiedene Teesorten preist die Speisekarte in differenzierten Beschreibungen an, die Auskunft geben über Herkunft, Blattcharakteristik, Geschmack und Aussehen der einzelnen Tees. Neben schwarzem, grünem, gelbem und weißem Tee werden auch diverse Kräuter- und Früchtetees sowie Jasmintees und aromatisierte Tees in unterschiedlich großen Portionen kredenzt. Kaffeetrinker haben immerhin noch die Wahl zwischen 18 Kaffeemischungen.

Zürich am Abend

Zürich ist für Nachteulen das reinste Paradies: Wer will, kann hier die Nacht zum Tag machen und bis in den frühen Morgen durchfeiern. Kein Wunder, denn Zürich besitzt die höchste Klubdichte in der Schweiz. Allerdings ist die Klubszene sehr schnelllebig: Was heute noch in ist, kann schon morgen out sein. Neue Klubs werden so schnell geöffnet, wie andere geschlossen werden.

Deshalb informiert man sich am besten vor Ort über die neuesten Attraktionen in Sachen Nachtleben. Die Gratiszeitungen und die Beilagen der Tagespresse bieten einen guten Überblick über aktuelle Klubtermine. Im ZüriTipp, der Donnerstagsbeilage des Tages-Anzeigers, gibt es bspw. einen Veranstaltungskalender.

Ausgehviertel

Im Niederdorf, dem traditionellen Amüsierviertel der Stadt, reiht sich eine Bar an die nächste. Das „Dörfli“, wie es die Einheimischen auch nennen, ist ein Klassiker unter den Zürcher Amüsiervierteln. Bereits in der zweiten Hälfte des 19. Jh. entwi-

Eine Besonderheit in Zürich: die Flussbäder verwandeln sich abends in coole Szenebars

014zu Abb.: tk

ckelte sich dieser Teil der Altstadt zur Vergnügungsmeile und war weit über die Stadtgrenzen hinaus bekannt als sündiges Rotlichtviertel. Ein ewiger Strom von Trinkfreudigen und Musikbegeisterten trieb unentwegt durch die Gassen.

An Letzterem hat sich bis heute nichts geändert, durch die Altstadtgassen flaniert immer noch ein bunt gemischtes Publikum von Nachtschwärmern. Ersteres hat sich im Laufe der Zeit zumindest etwas relativiert: Die Verruchtheit des Quartiers ist nicht mehr ganz so offensichtlich, das Angebot reicht inzwischen weit über Stripteaselokale hinaus. Viele Bars, Kneipen, Cafés, Bierhallen und Restaurants finden sich in den autofreien Altstadtgassen.

In den Sommermonaten gibt es zudem ein großes Angebot an **Freiluftbars:** Viele Kneipen und Bars stellen ihre Tische und Stühle auf die Straße und Badeanstalten werden in den (regenfreien) Abendstunden zu kultigen Freiluftkneipen umfunktioniert. Das Angebot an Freiluftbars ist am Limmatufer links und rechts der Altstadt besonders groß. Hier sitzt es sich auch am stimmungsvollsten, denn was gibt es Schöneres, als ein Bier zu trinken und dabei den Fluss gemächlich an sich vorbeifließen zu sehen? Empfehlenswert ist auch die Frauenbadeanstalt am Stadthausquai, die sich in lauen Sommernächten zur Barfussbar verwandelt (s. S. 34). Inmitten romantischer Gründerzeitarchitektur schmecken die Getränke doppelt gut und auch der Blick auf Altstadt und Limmat ist hinreißend.

Unter Partygängern und Tanzlustigen besonders beliebt ist das **Trendquartier Zürich-West** im Kreis 5, das wegen seiner großen Nightlife-Szene an den Wochenenden von über 100.000 Menschen heimgesucht wird. Das Viertel ist bekannt für sein wildes und zügelloses Nachtleben. Rund um die Hardbrücke und die angrenzenden Straßen verteilen sich etliche Klubs und Bars, die zu den angesagtesten der Stadt zählen. In der martialisch anmutenden Kulisse des Industriequartiers bewegt sich ein überwiegend junges Publikum. Hier hat auch das Schauspielhaus mit dem Schiffbau 40 eine grandiose Zweitbühne errichtet, auf der überwiegend experimentelles Theater gespielt wird. In der ehemaligen Fabrikhalle des Schiffbaus hat sich auch das Moods (s. S. 37) niedergelassen, *der* Treffpunkt für Freunde guter Jazzmusik.

EXTRATIPP

Wo ist wann was los?
Einen guten und aktuellen Überblick über das Kultur- und Nachtleben von Zürich geben die **Gratiszeitung 20 Minuten** und die **Beilagen der Tagespresse.** Besonders empfehlenswert ist der ZüriTipp, die Donnerstagsbeilage des Tages-Anzeigers, der in der Touristeninformation am Hauptbahnhof kostenlos ausliegt. Auch auf folgenden **Websites** kann man sich über das Zürcher Nachtleben informieren:
- www.zueritipp.ch
- www.partysearch.ch
- www.usgang.ch
- www.x-tra.ch
- http://events.ch

Bars

75 [L6] **0815,** Lintheschergasse 23, Tel. 044 2110815, www.0815.dj, Mo.–Fr. 7–24 Uhr, Sa. 9–24 Uhr, Tram 3, 10, 14, 31, Station: Hauptbahnhof. 0815 ist hier allenfalls der Standort. Zentral gelegen kann man in dieser Bar – so man denn will – den ganzen Tag verbringen, angefangen beim Frühstück über das Mittagessen bis hin zum Abend, an dem auch die DJs eintrudeln und angenehme Loungemusik zum Besten geben. Das Design ist zurückhaltend und vor allem deswegen ein Hingucker: schwarze Wände, Holztische und schwarze Barhocker oder graue Sofalandschaft.

76 [J5] **Bar63,** Rolandstr. 19, Tel. 044 2417583, www.bar63.ch, Mo.–Do. 16–1 Uhr, Fr. 16–2 Uhr, Sa. 14–2 Uhr, Tram 8, Station: Helvetiaplatz. Über 100 Rumsorten aus 25 Ländern sind das Markenzeichen dieser angenehm unaufdringlichen Bar im Langstrassenquartier. Eine eindrucksvolle Auswahl an Weinen aus Mittel- und Südeuropa machen die Bar63 auch für Weinfreunde zu einem erfreulichen Ort, um einen Abend in Zürich zu beginnen oder zu beenden.

- **Barfussbar** im Frauenbad Stadthausquai 6, www.barfussbar.ch, Tel. 044 2513331, Mi., Do., So. von Mitte Mai bis Mitte September ab 20 Uhr. Das bezaubernde Ambiente der Frauenbadi mit ihrer Holzkonstruktion aus dem Jahr 1888 verwandelt sich am Abend in eine angesagte Freiluftbar mit vielfältigem Veranstaltungsprogramm. Der Mittwoch ist reserviert für kulturelle Highlights, von Comedy bis hin zu Lesungen und Impro-Theater. Der Name ist dabei Programm: Am Eingang müssen die Schuhe ausgezogen werden und man läuft wahlweise barfuß, auf Socken oder in den bereitgestellten Schlappen durch die Badi.

77 [I3] **IQ Bar,** Hardstr. 316, Tel. 044 4407440, tgl. 16–2 Uhr, Tram 4, Station: Schiffbau. IQ bedeutet nicht, dass sich hier die Geistesgrößen der Stadt die Klinke in die Hand geben, sondern das

Kürzel steht schlicht für den Stadtteil, in dem die Bar zu finden ist: Industriequartier. Margaritas, Daiquiris und Piña Coladas werden auf Wunsch in den Mengen 0,5 Liter, 1 Liter oder gar als Pitcher (1,8 Liter) serviert.

78 [K7] **Kaufleuten,** Talackerstr. 34, Tel. 044 2253300, www.kaufleuten.com, Mo.-Do. 8.30-2 Uhr, Fr. 8.30-4 Uhr, Sa. 10-4 Uhr, So. 14-2 Uhr, Tram 2, 9, Station: Sihlstr. In der großzügigen Lounge treffen sich arrivierte Zürcher, die mit Champagner oder Longdrinks anstoßen. Ausgefallenes Interieur. Das legendäre Kaufleuten ist aber nicht nur Klub, sondern auch Restaurant und Bar; und schon frühmorgens kann man sich in der Pelikanbar Kaffee und Gipfelis schmecken lassen.

79 [I4] **Les Halles,** Pfingstweidstr. 6, Tel. 044 2731125, www.les-halles.ch, Mo.-Mi. 11-24 Uhr, Do. 11-1 Uhr, Fr., Sa. 11-2 Uhr, So. 12-24 Uhr, Tram 4, Station: Schiffbau. Aus einem Lagerhaus für Obst und Gemüse hat der Besitzer Christoph Gysi eine der erfolgreichsten Szenekneipen von Kreis 5 gemacht. Die Bar, die zugleich Restaurant mit ausgewachsener Speisekarte ist, erinnert an eine alte Hafenkneipe am Mittelmeer. An den Wänden hängen alte Poster, kein Stuhl gleicht dem anderen. Neben der kultigen Peugeot-Bar gibt es noch eine kleine Markthalle, in der man sich mit Biolebensmitteln eindecken kann.

› **Rimini Bar** im Männerbad im Schanzengraben (s. S. 119), Tel. 044 2119594, www.rimini.ch, Mo.-Do. 19.15-24 Uhr, Fr. 18.45-24 Uhr, Sa. 17-24 Uhr, So. 19.15-24 Uhr (bei Regen geschlossen). Die reine Männerbadi öffnet am Abend die Pforten auch für Frauen und sorgt für absolutes Ferienfeeling. Das Publikum ist gemischt, neben den lässig gekleideten Städtern stehen Banker im Anzug – und auch die paffen gemütlich ihre Joints. Gemeinsam lümmelt man sich auf Teppichen oder an Wirtshaustischen und genießt wahlweise Salat, Pizza, Würstchen, Bier, Wein oder Sekt.

80 [K4] **Stazione Paradiso,** Lettensteg (Kloster-Fahr-Weg, Ecke Röhrenweg), Mo.-Fr. 16-24 Uhr, Sa., So. 14-24 Uhr, Tram 4, 13, 17, Station: Limmatplatz. Diese ungewöhnliche Bar (ehemals bekannt unter dem Namen „Bar offen") ist in einem alten, ausrangierten Berliner S-Bahn-Wagen untergebracht. Drinnen wie draußen sitzt es sich sehr lauschig. Manche spielen Billard unterm Sternenhimmel, andere erfrischen sich bei einem heimischen TurbinenBräu.

81 [L13] **Ziegel oh Lac,** Seestr. 407, Tel. 044 4816242, www.ziegelohlac.ch,

Aus einem Lagerhaus für Obst und Gemüse wurde eine der angesagtesten Szenekneipen von Zürich-West: das Les Halles

015zu Abb.: lh

Di.–So. 11–24 Uhr, Tram 7, Station: Post Wollishofen. Direkt am Zürichsee gelegen, stellt das Ziegel oh Lac, das sich auf dem Areal des Kulturzentrums Rote Fabrik (s. S. 37) befindet, die Stühle nach draußen und eröffnet die Freiluftsaison. Einst fest in der Hand eines alternativen Publikums, genießen mittlerweile auch viele andere Zürcher die Aussicht auf den See und bei klarer Sicht auch auf die Alpen. Die Preise sind moderat, angeboten werden u. a. Bioweine und -biere.

Klubs

82 [L8] **Adagio,** Gotthardstr. 5, Tel. 044 2063666, www.adagio.ch, Fr. 23–5 Uhr, Sa. 23–open end, Eintritt: Fr. 25 CHF, Sa. 30 CHF, Tram 2, 5, 8, 9, 11, Station: Bürkliplatz. Das aus Berlin importierte, zeitlose Konzept hat sich auch in Zürich bewährt: Im Adagio fühlt man sich fast ins Mittelalter zurückversetzt. Aufwendig gestaltetes barockes Interieur mit Engelsstatuen und Freskenmalereien sowie Unmengen schummriger elektrischer Kerzen machen den Klubbesuch zu einer Zeitreise. Von der Kanzel herab sorgt der DJ für 1970er-/1980er-Jahre- und Chartmusik. Das Alter des Publikums beginnt bei 25 Jahren.

83 [L8] **Barflyz,** Gotthardstr. 21, Tel. 044 2020011, http://barflyz.ch, Mo.–Mi. 8–24 Uhr, Do. 8–1 Uhr, Fr. 8–2 Uhr, Sa. 17–2 Uhr, Tram: 6, 7, 8, 13, Station: Stockerstr. Das Barflyz verwandelt sich im Laufe des Tages von einer gediegenen Café-Bar über ein ansprechendes Lunch-Restaurant mit wechselnden Tagesmenüs zur Cocktailbar. Als letzteres hat sich die beliebte Location dank mehr als 200 verschiedener Cocktails, Mixkursen und Party-Events einen besonderen Namen gemacht. Jeden ersten Mittwoch im Monat gibt es Jazz und Funk.

84 [L7] **Hiltl Club,** St. Annagasse 16, Tel. 044 2777025, www.hiltl.ch, Do.–So. ab 23 Uhr, Eintritt: Fr. 30 CHF, Sa. 25 CHF, Tram 6, 7, 11, 13, Station: Rennweg. Dieser Club gehört zum beliebten vegetarischen Restaurant Hiltl und ist seit einiger Zeit in Zürich sehr angesagt. In der Nacht verwandelt sich die Bio- in eine Cocktail-Party-Location fürs gemischte Publikum. Black Music, R&B, Hip-Hop, House, aber auch 80er- und 90er-Jahre-Musik.

85 [J3] **INDOCHINE,** Limmatstr. 275, Tel. 044 4481111, www.club-indochine.com, Fr., Sa. ab 23 Uhr, Eintritt: 30 CHF, Tram 4, 13, 17, Station: Dammweg. Man sollte sich von der unscheinbaren Außenfassade nicht abschrecken lassen: Wer das spröde Grau erst einmal passiert hat, findet sich plötzlich in einem faszinierenden asiatischen Ambiente wieder. Großzügige Sofaecken, asiatisch anmutende Kerzenbeleuchtung, riesige Buddhastatuen und diverse Kunstobjekte aus Südostasien machen den Klubbesuch zu einem besonderen Erlebnis.

86 [M8] **mascotte,** Theaterstr. 10, Tel. 044 2601580, www.mascotte.ch, Mo. ab 23 Uhr, Di. ab 22 Uhr, Mi.–Sa. ab 23 Uhr, Tram 2, 4, 5, 8, 9, 11, Station: Bellevue. Ein angenehm unaufdringlicher Traditionsklub direkt am belebten Bellevue, der auf Schnörkel und Schnickschnack verzichtet. Die vier Loungebereiche im Untergeschoss laden zum Chillen ein – allerdings können sie reserviert werden, sodass nur ein kleiner Teil der Gäste in den Genuss kommt, auch mal entspannen zu können. Den anderen bleibt also nichts anderes übrig, als durchzutanzen, je nach Wochentag zu House, Hip-Hop, Funk oder R'n'B.

87 [I4] **Supermarket,** Geroldstr. 17, Tel. 044 4402005, www.supermarket.li, Fr., Sa. ab 23 Uhr, Tram 4, Station: Schiffbau. Was in einer ehemaligen Migrol Autogarage als illegaler Klub unter dem Namen „Garage" begann, hat sich mittlerweile unter dem Namen „Supermarket“ zu einem Szeneklub und einer Institution für beste Electro-, Techno- und Housemusik entwickelt. Der Supermarket war eine der Keimzellen des Trendviertels Zürich-West. Wer in den trashigen Hallen im Kreis 5 abfeiern will, muss sich allerdings in Geduld üben: Vor allem an den Wochenenden reicht die Schlange am Eingang oft bis zur Straße.

› **X-TRA** (s. S. 123). Im X-TRA kann man nicht nur zur Musik vom Plattenteller tanzen; hier stehen auch viele bekannte Bands auf der Bühne und bieten Livekonzerte vom Feinsten.

Jazz

88 [I3] **Moods,** Schiffbaustr. 6 (im Schiffbau), Tel. 044 2768000, www.moods.ch, Mo.–Sa. ab 19.30 Uhr, So. ab 18 Uhr, Tram 4, Station: Schiffbau. Dort, wo einst Schiffe und Motoren gebaut wurden, findet sich heute einer der besten Jazzklubs von Zürich. Der Raum ist zwar nicht besonders groß, dafür sind die Musiker zum Greifen nah.

89 [M7] **Splendid Bar,** Rosengasse 5, www.hotelsplendid.ch, So.–Do. 17–2 Uhr, Fr., Sa. 17–4 Uhr, Tram 4, 15, Station: Rathaus. Bereits seit Jahrzehnten ist die Splendid Bar eine feste Größe im Zürcher Niederdorf. In gediegener Atmosphäre und 1950er-Jahre-Interieur weiß man hier seine Gäste mit stimmungsvollen Pianoabenden zu begeistern. Von Jazz bis Blues gibt es täglich Livemusik vom Feinsten.

90 [L7] **Widder Bar,** Widdergasse 6, www.widderhotel.ch, Tel. 044 2242526, So.–Do. 11.30–24 Uhr, Fr., Sa. 11.30–1 Uhr, Tram 6, 7, 11, 13, Station: Rennweg. Die Widder Bar ist eine Institution für Jazz in Zürich. Noch bevor das Luxushotel eröffnet wurde, spielten hier die Größen des Jazz. Und auch heute noch finden namhafte Jazzspieler wie Brad Mehldau, Ray Brown oder Diana Krall ihren Weg in die einzigartige Bar. Livejazz hat also Tradition im Widder. Die Konzerte finden jeweils im Herbst (Oktober–Januar) und im Frühjahr (März–Mai) statt.

Theater und Konzerte

26 [M9] **Opernhaus.** Nicht nur Opernfans kommen im legendären Opernhaus von Zürich auf ihre Kosten – denn neben Oper, Operette und Ballett werden auch Liederabende und Jazzkonzerte aufgeführt.

91 [L13] **Rote Fabrik,** Seestrasse 395, Tel. 044 4855858, www.rotefabrik.ch, Tram 7, Station: Post Wollishofen. Im Kulturzentrum Rote Fabrik finden regelmäßig Livekonzerte unterschiedlicher Musikrichtungen statt, vom Rock- bis hin zum Jazzkonzert. Auch Newcomerbands stehen in der Fabrik regelmäßig auf der Bühne. Bei schönem Wetter wird die Bühne auch direkt am See aufgebaut und dann gibts Livemusik vor spektakulärer Kulisse.

24 [M7] **Schauspielhaus.** Das Schauspielhaus ist seit Jahrzehnten eines der besten und erfolgreichsten Theater im deutschsprachigen Raum. Neben dem großen Haus betreibt das Schauspielhaus noch vier weitere Bühnen, von denen der Schiffbau 40 besonders heraussticht.

40 [I3] **Schiffbau.** Der Schiffbau ist die Zweitbühne des renommierten Schauspielhauses, auf der überwiegend experimentelles Theater dargeboten wird.

EXTRATIPP

Kulturinfos

Die Theaterlandschaft in Zürich ist so breit gefächert wie das restliche Kulturangebot auch. Wer sich einen Überblick über die Theater und Bühnen der Stadt verschaffen will, der findet unter **www.kulturinfo.ch** eine gute Zusammenstellung.

92 [M7] **Theater an der Winkelwiese,** Winkelwiese 4, Tel. 044 2612179, www.winkelwiese.ch, Tram 3, 5, 8, 9, Station: Kunsthaus. Das Theater an der Winkelwiese ist seit über 40 Jahren bekannt als ein Ort für Gegenwartsdramatik und die Förderung junger Autoren. Schwerpunkte des Programms bilden deshalb Ur- und Erstaufführungen junger Autoren, Schauspieler und Regisseure. Ungewöhnlich ist auch der Aufführungsort: Das Theater befindet sich mitten in der Altstadt in der Jugendstilvilla Tobler und die Bühne steht dort in einem stimmungsvollen, 250 Jahre alten Gewölbekeller, der eine einzigartige Atmosphäre bietet.

93 [K6] **Theaterhaus Gessnerallee,** Gessnerallee 8, Tel. 044 2258111, www.gessnerallee.ch, Tram 3, 14, Station: Sihlpost. Das Theaterhaus Gessnerallee ist seit über 20 Jahren ein Haus des Freien Theaters. Es verfügt deshalb über kein eigenes Ensemble, auf dem Programm stehen vielmehr Gastspiele, die ein buntes Potpourri der Kunstformen bieten, von Tanz über Gesang bis hin zu Theater.

94 [M7] **Theater Neumarkt,** Neumarkt 5, Infos und Tickets: Tel. 044 2676464, www.theaterneumarkt.ch, Tram 3, Station: Neumarkt. Das Theater am Neumarkt ist ein kleines Theater mit einem kleinen Ensemble. Doch daraus darf man keine Rückschlüsse auf das Programm ziehen! Die ambitionierten Produktionen bieten von zeitgenössischen Stücken bis hin zu Klassikern wie Brecht und Musil eine breite Palette an hochkarätigen Aufführungen.

95 [M8] **Theater Stadelhofen,** Stadelhoferstr. 12, Tel. 044 2529424, www.theater-stadelhofen.ch, Tram 5, 8, 9, 11, 15, Station: Bhf. Stadelhofen. In einem wunderbaren Kellergewölbe zeigt das Theater Stadelhofen überwiegend Inszenierungen aus der Welt des Figurentheaters. Das Programm ist auf Kinder und Familien ausgerichtet.

42 [L8] **Tonhalle.** Die Tonhalle gilt als einer der besten Konzertsäle der Welt. Klassische Konzerte werden hier zu einem exzellenten Hörgenuss auf höchstem Niveau.

Kino

Programmkinos

96 [M8] **Arthouse Le Paris,** Gottfried-Keller-Str. 7, Tel. 044 2505560, www.arthouse.ch. Mit über 400 Plätzen das größte unter den ARTHOUSE-Kinos. Gezeigt werden überwiegend Blockbuster. Hier ist auch das äußerst populäre LunchKino zu Hause, das täglich um 12.15 Uhr die aktuellsten ARTHOUSE-Filme in Vorpremieren präsentiert. Die kleineren Kinos Arthouse Nord-Süd und Arthouse Movie 1 und 2 sind Programmkinos und zeigen vor allem Autorenfilme.

97 [L7] **Filmpodium,** Nüschelerstr. 11, Tel. 044 2116666, www.filmpodium.ch. Das Filmpodium ist ein Kulturangebot der Stadt Zürich, die in diesem Kino das Verständnis für den Film als Kunstform fördern will. Auf dem Programm stehen deshalb nicht die aktuellen kommerziellen Blockbuster, sondern hochwertige Arthouse-Filme, wobei ganze Zyklen und Retrospektiven von ausgewählten Regisseuren und Schauspielern, zu Ländern, Themenkreisen und Genres zu sehen sind.

98 [J5] **RiffRaff,** Neugasse 57–63, Kinokasse Tel. 044 4442200, www.riffraff.ch. Statt eines klassischen Kinokiosks wurde hier eine Bar zwischen die beiden Kinosäle gebaut. Wem das Programm nicht gefällt, der versumpft deshalb einfach an der Bar und hat trotzdem einen tollen Abend. Das angegliederte RiffRaff-Bistro bietet von morgens bis tief in die Nacht auch die Möglichkeit, sich mit kleinen Mahlzeiten zu stärken.

EXTRATIPP

Kinoprogramm

Das offizielle Kinoprogramm sowie Filminfos gibt es im Internet unter www.kulturinfo.ch. Zusätzlich gibt die Tagespresse und die Gratiszeitung 20 Minuten einen Überblick über das aktuelle Kinoprogramm. Im ZüriTipp werden die einzelnen Filme sogar kurz vorgestellt. Viele Filme werden in Zürich in Originalsprache mit deutschem Untertitel gezeigt. Deshalb findet man im Kinoprogramm auch Abkürzungen, die auf den ersten Blick verwirren, auf den zweiten aber leicht zu entschlüsseln sind: „E/d/f" – der Großbuchstabe weist auf die Filmsprache (hier Englisch) und der/die Kleinbuchstabe(n) auf den Untertitel hin (hier Deutsch und Französisch). Der Montag ist übrigens in Zürich „Kino-Mäntig", was in Deutschland dem Kinotag gleichkommt. Der Eintritt ist an diesen Tagen ermäßigt und beträgt 13 CHF.

99 [I7] **Uto Studio,** Kalkbreitestr. 3, Tel. 044 2419253. Filme, die in den anderen Kinos bereits abgesetzt wurden, laufen hier noch weiter. Im historischen Ambiente kann man sich gute Studiofilme zu Gemüte führen.

100 [J6] **Xenix,** Kanzleistrasse 52 (am Helvetiaplatz), Tel. 043 3221380, www.xenix.ch. Das gemütliche Sofa-Kino befindet sich im Quartier Aussersihl in einer alten Holzbaracke.

Open-Air-Kinos

101 [N11] **OrangeCinema Zürich,** Zürichhorn, www.orangecinema.ch, Tram 2, 4, Station: Fröhlichstrasse. Es ist mit rund 1700 Plätzen nicht nur das größte Open-Air-Kino in Zürich, sondern auch das schönste. Karten für die Vorstellungen sind deshalb immer schnell ausverkauft, eine rechtzeitige Reservierung ist notwendig. Das Kino am See in der Parkanlage Zürichhorn bietet eine spektakuläre Aussicht, die manchen von den Filmen ablenkt. 2014 feiert dieses Open-Air-Kino seinen 25. Geburtstag (Juli–August).

› **Rote Fabrik.** Das Kultur- und Freizeitzentrum Rote Fabrik nutzt seine tolle Lage am Zürichsee ebenfalls, um die Cineasten anzulocken. Im Sommer wird die Leinwand für Filme zum entsprechenden Jahresthema ausgerollt (Juli–August, s. S. 37).

› **Filmfluss** im Freibad Unterer Letten (s. S. 120), Tel. 044 3621080, www.filmfluss.ch. Das Freibad Unterer Letten verwandelt sich im Sommer jeweils mittwochs und sonntags in das Open-Air-Kino „Filmfluss" und zeigt dann ausgewählte Filmklassiker und Studiofilme (Juli–August).

016zu Abb.: nw

Vor dem Kino Xenix finden auch Flohmärkte statt

Zürich für Kunst- und Museumsfreunde

Zürich ist ein wahres Eldorado für Kunst- und Museumsfreunde! Kein Wunder also, dass die Museen der Stadt jährlich von rund 1,5 Millionen Menschen besucht werden, die sich an der außerordentlichen Vielfalt der über 50 Häuser erfreuen. Gleichzeitig ist Zürich ein wahres Freilichtmuseum: Die Kunstwerke, auf die man in der Innenstadt ebenso trifft wie am Uto- und Seefeldquai entlang des Zürichsees, stammen von bekannten Künstlern wie Jean Tinguely und Henry Moore.

Museen

102 [M6] **Graphische Sammlung der ETH Zürich,** Eingang Karl-Schmid-Str., Tel. 044 6324046, www.gs.ethz.ch, Mo.–Fr. 10–17 Uhr, Mi. bis 19 Uhr. Eintritt frei, Tram 6, 9, 10, Station: ETH oder mit der Polybahn 22 ab Central. Rund 150.000 Kunstwerke auf Papier vom 15. Jh. bis in die Gegenwart umfasst diese Sammlung – womit sie zu den größten Sammlungen ihrer Art in der Schweiz zählt. Unter den Druckgrafiken befinden sich die Werke so bedeutender Künstler wie Dürer, Rembrandt, Goya und Warhol. Eine permanente Ausstellung gibt es nicht, die Sammlung wird in Wechselausstellungen präsentiert.

29 [N11] **Heidi-Weber-Haus/Centre Le Corbusier.** Nach einem Entwurf des Schweizer Architekten Le Corbusier ließ Heidi Weber 1967 das kühne Bauwerk im Zürichhornpark errichten – ein Farbtupfer in der ohnehin prächtigen Parklandschaft. Im Haus selbst kann das grafische Werk des großen Architekten besichtigt werden.

103 [N8] **Kulturama – Museum des Menschen,** Englischviertelstr. 9, Tel. 044 2606044, www.kulturama.ch, Di.–So. 13–17 Uhr, Eintritt: 12 CHF, erm. 8 CHF, Tram 3, 8, Station: Hottingerplatz. Im Kulturama kann man gleich auf zwei spannende Zeitreisen gehen: Die eine führt durch 600 Millionen Jahre Evolutionsgeschichte: Man folgt den Spuren der Evolution von Tier und Mensch bis hin zu den ersten Hochkulturen. Die zweite Zeitreise führt Besucher durch das Leben des Menschen von der Zeugung bis zum Tod. Das Museum ist ein kleines Experimentierfeld, in dem die Besucher zum aktiven Mitmachen animiert werden: zu hören, wie Herz und Lunge des Menschen arbeiten, ertasten, wie sich Knochen anfühlen oder einfach nur ein Froschskelett studieren.

104 [J3] **Kunsthalle Zürich,** Limmatstrasse 270, Tel. 044 2721515, www.kunsthallezurich.ch, Di., Mi., Fr. 11–18 Uhr, Do. 11–20 Uhr, Sa., So. 10–17 Uhr, Eintritt: 12 CHF, erm. 8 CHF, Do. von 17–20 Uhr Eintritt frei, Tram 4, 13, 17, Station: Dammweg. In den großen, weitläufigen Räumen der Kunsthalle Zürich im Löwenbräu-Areal 39 wird in Wechselausstellungen internationale Gegenwartskunst präsentiert, die meist von jungen Künstlern stammt. Es kann also vorkommen, dass man Einzelausstellungen von bisher unbekannten, aber aufstrebenden Künstlern erlebt. So haben bereits Neo Rauch, Pipilotti Rist, Wolf-

EXTRATIPP

ZürichCard

Mit der ZürichCard (s. S. 109) erhalten Sie zahlreiche Vergünstigungen und gratis Eintritt in die meisten Zürcher Museen.

Auf Zeitreise in Goethes Epoche im Landesmuseum Zürich 14

Museen, die mit einer magentafarbenen Nummer (29) als Hauptsehenswürdigkeit ausgewiesen sind, werden im Kapitel „Zürich entdecken" ausführlich beschrieben. Dort finden sich auch alle praktischen Informationen wie Adresse, Öffnungszeiten usw.

gang Tillmans oder Andreas Gursky vor dem internationalen Durchbruch ihre Werke in der Kunsthalle ausgestellt.

23 [M7] **Kunsthaus.** Wer sich ein umfassendes Bild von der abendländischen Kunstgeschichte seit dem späten Mittelalter machen möchte, der ist hier gut aufgehoben. Von vielen großen Künstlern besitzt das Kunsthaus wichtige Sammlungen. Im Erdgeschoss findet sich die größte Werkschau Alberto Giacomettis und eine Etage höher fehlt von der klassischen Moderne fast kein Name. Der gesamte kunsthistorische Kosmos kann in Augenschein genommen werden, von Rubens und Rembrandt über Picasso, Klee und Ernst bis hin zu Kokoschka, Dalí und Chagall.

14 [L6] **Landesmuseum Zürich.** Das schlossartige Gebäude des Landesmuseums Zürich befindet sich direkt am Hauptbahnhof. Wie der Museumsname schon andeutet, beschäftigt sich das Museum mit der Kulturgeschichte der Schweiz, von der Steinzeit bis zur Frühen Neuzeit. Die Ausstellung präsentiert damit die größte kulturgeschichtliche Sammlung der Schweiz.

105 [J3] **migros museum für gegenwartskunst,** Limmatstrasse 270, Tel. 044 2772050, www.migrosmuseum.ch, Di., Mi., Fr. 11–18 Uhr, Do. 11–20 Uhr, Sa., So. 10–17 Uhr, Eintritt: 12 CHF, erm. 8 CHF, Do. von 17–20 Uhr Eintritt frei, Tram 4, 13, 17, Station: Dammweg. Das migros museum für gegenwartskunst wurde im Mai 1996 eröffnet und versteht sich als ein Zentrum aktueller Kunstproduktion. Die Sammlung umfasst rund 1300 Werke von 700 Künstlern, darunter so schillernde Namen wie Georg Baselitz, Gilbert & George, Martin Kippenberger, Sol Le Witt, Mario Merz und Andy Warhol. In Wechselausstellungen präsentiert das Museum in seiner 1300 m² großen Ausstellungshalle im Löwenbräu-Areal aber

018zu Abb.: nw

Zürich für Kunst- und Museumsfreunde

017zu Abb.: tk

Ein Muss für alle Fans asiatischer Kunst: das Museum Rietberg 45

nicht nur seine eigene Sammlung internationaler zeitgenössischer Kunst, sondern auch Sonderpräsentationen.

28 [N11] **Museum Bellerive.** In einer herrschaftlichen Villa am Seefeldquai wird in jährlich zwei bis drei Wechselausstellungen das Spannungsfeld zwischen Kunst und Design thematisiert. Die Themen der Ausstellungen sind durchaus breit angelegt und reichen von Kunsthandwerk und Design bis zu Mode und Lifestyle. Zusätzlich präsentiert das Museum für Gestaltung 36 seine Kunstgewerbesammlung in wechselnden Ausstellungen: Musikinstrumente, Möbel, Keramik und Glas. Insbesondere die Jugendstilabteilung genießt dabei einen internationalen Ruf.

36 [K5] **Museum für Gestaltung.** In seinen Archiven beherbergt das Museum vier große Sammlungen von internationaler Bedeutung: Die Design-Sammlung, die Grafiksammlung, die Plakatsammlung und die im Museum Bellerive 28 verortete Kunstgewerbesammlung. In der Ausstellungsstrasse widmet sich das 1875 gegründete Museum den großen Hauptthemenfeldern Design, Visuelle Kommunikation und Architektur.

45 [K10] **Museum Rietberg.** Schon allein das Museumsareal und das Museumsgebäude, die spätklassizistische Villa Wesendonck mit ihrem im Februar 2007 eröffneten Erweiterungsbau, sind einen Besuch wert. Im Museum selbst erwartet den Besucher eine außerordentliche Sammlung mit Kunstwerken aus Asien, Afrika, Amerika und Ozeanien, von denen ein Großteil vom Wuppertaler Sammler Eduard von der Heydt stammt.

106 [P13] **NONAM – Nordamerika Native Museum,** Seefeldstr. 317, Tel. 044 4134990, www.nonam.ch, Di.–Fr. 13–17 Uhr, Sa., So. 10–17 Uhr, Eintritt: 12 CHF, Kinder 4 CHF, Tram 2, 4, Station: Tiefenbrunnen. Das NONAM widmet sich der Kunst und Kultur der nordamerikanischen Urbevölkerung, sprich der Indianer- und Inuit-Kultur. Die Ausstellung mit Exponaten wie Kanus, Kleidern, zeitgenössischen Steindrucken und Skulpturen ist einzigartig in Europa, aber dennoch überschaubar.

107 [M6] **Paläontologisches Museum,** Karl-Schmid-Str. 4, Tel. 044 6342339, www.pim.uzh.ch, Di.–Fr. 9–17 Uhr, Sa., So. 10–17 Uhr, Eintritt frei, Tram 6, 9, 10, Station: ETH. Das Paläontologische Museum ist dem Zoologischen Museum der Universität angegliedert und besitzt daher den gleichen Eingangsbereich. Es zeigt unter anderem eine der weltweit bedeutendsten Sammlungen von Meeressauriern und -fischen aus der Mitteltrias, also vor etwa 240 Millionen Jahren.

108 [M7] **Thomas-Mann-Archiv,** Schönberggasse 15, Tel. 044 6324045, www.tma.ethz.ch, Mi., Sa. 14–16 Uhr, Eintritt frei, Tram 6, 10, Station: ETH. Wer schon immer einmal die heilige Arbeitsstätte eines Nobelpreisträgers betreten wollte, ist in diesem kleinen und überschaubaren Archiv richtig. Hier findet sich aber nicht nur die Originaleinrichtung von Thomas Manns letztem Arbeitszimmer, sondern darüber hinaus Handschriften,

EXTRATIPP

Lange Nacht der Museen

Jeweils am ersten Wochenende im September machen die Zürcher Museen die Nacht zum Tag, indem sie ihre Pforten von 19 bis 2 Uhr in der Nacht öffnen. Denn an diesem Abend findet die sogenannte **„Lange Nacht der Museen"** statt, die jedes Jahr unter einem neuen Motto steht. An der langen Nacht beteiligen sich meist über 40 Museen, darunter die großen und führenden Häuser, aber auch kleinere Einrichtungen, die ein spezielles Rahmenprogramm anbieten, welches unter dem entsprechenden Jahresmotto steht. Ausführliche Infos zur Veranstaltung gibt es im Internet unter www.langenacht.ch. Darüber hinaus finden sich aktuelle Informationen zu den Zürcher Museen, ihren Dauer- und Wechselausstellungen sowie zu Führungen und zur Infrastruktur der einzelnen Häuser im Internet unter **www.museen-zuerich.ch.**

Buchausgaben, Notizblätter, Briefe und Familienfotos.

M **109** [K7] **Völkerkundemuseum,** Pelikanstr. 40, Tel. 044 6349011, www.musethno.uzh.ch, Di.–Fr. 10–13 Uhr und 14–17 Uhr, Sa. 14–17 Uhr, So. 11–17 Uhr, Eintritt frei, Tram 6, 7, 11, 13, Station: Rennweg. Dieses Museum blickt auf eine über hundertjährige Geschichte zurück, in deren Verlauf die Sammlung allmählich erweitert wurde. Inzwischen verfügt das Museum über mehr als 30.000 Exponate, darunter kultische Kunstgegenstände, Holzschnitzereien, Textilkunst und Objekte schamanistischer Traditionen sowie Ikonografien unterschiedlicher Religionen und außereuropäischer Kulturen. In wechselnden Ausstellungen präsentiert das Völkerkundemuseum das religiöse Denken und künstlerische Handwerk von außereuropäischen Völkern. **Das Museum ist derzeit wegen Umbau- und Renovierungsarbeiten geschlossen. Die Neueröffnung findet am 19. Juni 2014 statt.**

Galerien

G **110** [K4] **atelieroffen,** Heinrichstr. 71, Tel. 079 3335168, www.atelieroffen.ch, Fr. 12–18.30 Uhr, Sa. 12–16 Uhr und nach Vereinbarung. Die Künstlerin Nadja Ullmann hat ihr Atelier im Kreis 5 zu einem öffentlichen Arbeitsraum gemacht und nutzt es gleichzeitig als Galerie für ihre Kunst. Hier kann man der Künstlerin über die Schulter schauen und sie bei der Entwicklung neuer Ideen beobachten – oder sie inspirieren, wer weiß das schon …

G **111** [N9] **Galerie Walu,** Mühlebachstr. 14, Tel. 044 2802000, www.walu.ch, geöffnet nach Vereinbarung. Bereits seit 1957 befasst sich die Galerie Walu mit der Kunst westafrikanischer Völker. Auf zwei Etagen können die beeindruckenden afrikanischen Werke – von Masken über Statuen bis hin zu Objekten – besichtigt und natürlich gekauft werden. Bisweilen verleiht die Galerie ihre Kunst auch an Museen, bspw. an das Museum Rietberg 45, das Staatliche Museum für Völkerkunde in München oder an das National Museum of Modern Art in Kyoto, Japan.

G **112** [M7] **Galerie Werner Bommer,** Kirchgasse 25, www.galeriebommer.ch, Tel. 044 2518481, Di.–Fr. 13–18 Uhr,

EXTRATIPP

Galerien in Zürich

Einen guten Überblick über Galerien in Zürich und deren aktuelle Ausstellungen gibt es im Internet unter www.dzg.ch.

Sa. 11–16 Uhr. Wer sich im Kunsthaus 23 die größte Werkschau Alberto Giacomettis angeschaut hat und auf den Geschmack gekommen ist, der kann sich aus dieser Galerie einen echten Giacometti mit nach Hause nehmen. Ansonsten findet sich hier zeitgenössische und klassische Schweizer und internationale Kunst.

113 [M7] **Galerie Ziegler,** Rämistr. 34, Tel. 044 2512322, www.artnet.de, Mi.–Fr. 13–18 Uhr, Sa. nach Vereinbarung. Die Galerie wurde 1959 eröffnet und hat ihr Programm seither stetig erweitert, die klassische Moderne steht aber weiter im Mittelpunkt. Zieglers beteiligen sich regelmäßig an internationalen Messen wie der Art Basel oder der Art Cologne.

Zürich zum Träumen und Entspannen

Nicht einmal zum Ausspannen muss man Zürich verlassen. Dank schöner Waldflächen, großer Parks und zahlloser Gärten ist die größte Stadt der Schweiz ein sehr grüner Ort.

St. Peterhofstatt 10

Wer sich nicht aus dem Zentrum herausbewegen will und ein stilles Plätzchen inmitten der pulsierenden Stadt sucht, dem sei die **St. Peterhofstatt** ans Herz gelegt. Mitten in der Altstadt und direkt an Zürichs ältester Kirche liegt der wohl romantischste Platz in Zürich, an dem außer Vogelgezwitscher und den regelmäßigen Schlägen der mächtigen Turmuhr meist kein anderes Geräusch zu vernehmen ist. In der Mitte des Platzes ragt eine riesige Linde in den Himmel, um deren Stamm sich eine urige Rundbank schlängelt – ein herrlicher Platz für Träumer und Romantiker und für all diejenigen, die den dörflichen Charme von Zürich genießen wollen.

EXTRATIPP

Wo man für sich allein sein kann

- **Restaurant Markthalle:** Hier sitzen fast immer Einheimische allein an den Tischen. Eine große Zeitungsauswahl (SZ, NZZ, Tagesanzeiger, Herald Tribune) vertreibt aufkommende Langeweile (s. S. 92).
- **Jelmoli und Manor:** Wer allein unterwegs ist, kann in den Selbstbedienungsrestaurants der beiden großen Kaufhäuser garantiert entspannt sitzen und speisen (s. S. 16).
- **Café Schober:** Auf den drei Etagen des Cafés sitzt es sich auch allein recht gemütlich (s. S. 31).
- **Rieterpark 44:** In dieser wunderschönen Parkanlage liegt es sich auch allein herrlich.

Lindenhof 12

Der Lindenhof befindet sich nahe der St. Peterhofstatt. An diesem historischen Ort errichteten die Römer unter Kaiser Augustus im Jahr 15 v. Chr. eine Zollstation, weshalb der Platz als Geburtsort Zürichs gilt. Wie der Name schon nahelegt, ist der Lindenhof von Linden bewachsen, die im Sommer viel Schatten spenden. Einige Zürcher, darunter auch Banker, verbringen im Sommer hier ihre Mittagspause, um auf den Bänken ihr Lunchpaket zu essen. Das charmante Fleckchen, an dem schon Goethe weilte, bietet neben seiner parkähnlichen Ausstrahlung auch eine fantastische Aussicht über die Limmat und die gegenüberliegende Altstadt.

019zu Abb.: tk

Parkanlage Zürichhorn [N11]

Wer sich nicht scheut, auch etwas außerhalb der Innenstadt nach grünen Oasen zu suchen, dem sei die **Parkanlage Zürichhorn** empfohlen, die sich entlang der rechten Seeseite erstreckt. An schönen Wochenenden herrscht in der Anlage geselliges Treiben: Auf der Uferpromenade wird flaniert, gejoggt, geskated oder Rad gefahren, Straßenmusiker geben am Wegesrand ein Ständchen. Auf den Wiesen sonnen sich die Zürcher oder spielen Federball; große Bäume sorgen für schattige Plätze. Wer das Spektakel in den Sommermonaten ablehnt, dem bietet der Park aufgrund seiner Weitläufigkeit genug Rückzugsmöglichkeiten und stille Flecken.

› Tram 2, 4, Station: Fröhlichstr.

Botanischer Garten [O/P10]

Das 50.000 m² große Areal ist ein Erlebnis für alle Sinne: vielfältige Düfte und eine farbenprächtige, teils exotische Pflanzenwelt. In der ausgedehnten Freilandanlage sind die Pflanzen ihren jeweiligen Lebensbereichen zugeordnet. Im Frühlingsgarten blühen bunte Frühlings- und Sommerblumen, im Mittelmeergarten duften prächtige Gewächse um die Wette, während im Alpinum Gebirgspflanzen verschiedener Kontinente bestaunt werden können. Dazwischen liegen kleine Teiche und schöne Wiesen, auf denen es sich wunderbar entspannen lässt. Ein Besuch des Gartens lohnt zu jeder Jahreszeit.

› Tram 2, 9, Station: Sihlstr.

Belvoirpark 43

Neben dem rechten Seeufer bietet auch das linke Ufer herrliche Flecken, um die Seele baumeln zu lassen und die Natur zu genießen. Wer sich weiter stadtauswärts bewegt, stößt nach kurzer Zeit auf ein Highlight Zürcher Landschaftskunst, den **Belvoirpark.** Die Geschichte des Parks ist eng mit der Industriellenfamilie Escher verbunden, die auf dem Gelände 1831

⊡ *Idylle, wo man auch hinschaut: das Restaurant Belvoirpark (s. S. 97)*

eine klassizistische Villa errichtete. Heinrich Escher legte auch den Park an und ließ ihn terrassenartig formen und mit exotischen Bäumen bepflanzen. Seit 1901 ist die Anlage in Stadtbesitz und für die Öffentlichkeit zugänglich. Der Park selbst liegt in unmittelbarer Schlagdistanz zum Zürichsee und bietet eine grandiose Aussicht auf die Stadt, den See und die Berge. In der Villa findet sich heute das Restaurant Belvoirpark (s. S. 97), auf dessen Terrasse man inklusive herrlichem Panorama speisen kann.

Rieterpark 44

Auf der anderen Straßenseite vom Belvoirpark befindet sich mit dem **Rieterpark** noch ein Höhepunkt unter den Zürcher Gärten. Der Park zählt zu den größten und fast original erhaltenen Landschaftsparks des 19. Jh. in Zürich. 1857 ließ Otto Wesendonck eine spätklassizistische Villa auf dem Gelände errichten: die Villa Wesendonck, die heute das Museum Rietberg 45 mit einer beeindruckenden Sammlung außereuropäischer Kunst beherbergt.

Grüne Oase mitten in der Altstadt

020zu Abb.: tk

Zur richtigen Zeit am richtigen Ort

Wer sich seinen Städtetrip gerne mit Festivals oder tollen Events versüßt, ist in Zürich fast zu jeder Zeit am richtigen Ort. Die Stadt hat eigentlich immer etwas zu feiern. Ob traditionelle Umzüge, sportliche Großveranstaltungen oder hochkarätige Musik- und Theaterevents – Zürich bietet für jeden Geschmack die passende Veranstaltung. Insbesondere im Frühjahr und Sommer kommen Festivalbegeisterte auf ihre Kosten.

Januar

› **Berchtoldstag:** Der Berchtoldstag ist in Zürich ein Feiertag, der auf den 2. Januar datiert ist. Der Tag geht auf einen alten Brauch zurück, wonach sich früher die Zünfte in den Trinkstuben und Zunfthäusern mit ihren Frauen zum traditionellen „Bächtelismahl" trafen und anschließend tanzten. Am Berchtoldstag wird vielerorts auch heute noch Geselligkeit gepflegt und gemeinsam gespeist.

Februar

› **Fasnacht:** Am Wochenende nach Aschermittwoch beginnt in Zürich der große Mummenschanz mit Maskenbällen und Musikgruppen. Ab Samstag über das ganze Wochenende ziehen die Menschen durch die Stadt. Gefeiert wird bis Montagmorgen (www.zurichcarneval.ch).

April

› **Sechseläuten:** Jedes Jahr am dritten Montag im April wird das traditionelle Frühlingsfest der Zürcher Zünfte gefeiert. Das bunte Treiben besticht durch die schönen, historischen Standestrachten, die beim Zünfte-Umzug zur Schau getragen werden. Das Fest beginnt alljährlich am Sonntag mit dem Kinderumzug und setzt sich mit dem großen Montagsumzug durch die Altstadt fort (Bahnhofstrasse und Limmatquai). Schluss- und gleichzeitig einer der Höhepunkte des Montagsumzugs ist das **Verbrennen des Bööggs** auf der Sechseläutenwiese beim Bellevueplatz 18. Der Böögg, eine Art Schneemann, wird als Symbol für den Winter auf einem 13 m hohen Scheiterhaufen verbrannt, der um genau sechs Uhr abends (Sechseläuten) angezündet wird. Der Volksmund besagt, dass, je schneller der Böögg verbrennt, der Sommer um so schneller beginnen und dementsprechend auch länger und sonniger ausfallen wird (www.sechselaeuten.ch).

Juni

- **Zürcher Festspiele:** Von Mitte Juni bis Anfang Juli schließen sich die großen Kulturinstitute der Stadt zu den Zürcher Festspielen zusammen und bieten Theater und Kunst der Spitzenklasse (www.zuercher-festspiele.ch).
- **Zurich Pride Festival:** Während der Zurich Pride Week finden zahlreiche kulturelle, sportliche und gesellschaftliche Veranstaltungen statt, die von LGBT-(Lesbian, Gay, Bisexual, Transgender)Vereinen und -Institutionen organisiert werden (www.zurichpridefestival.ch).

Juli

- **Ironman Switzerland:** Schwimmen, Laufen, Radfahren – in Zürich wird einmal im Jahr der Ironman bzw. die Ironwoman gekürt (www.ironman.ch).
- **Kino am See/OrangeCinema:** Jedes Jahr aufs Neue beginnt in den Sommermonaten die Kino-Open-Air-Saison. Einmalig ist das Open-Air-Kino am Zürichsee, von den Einheimischen auch Kino am See genannt: In der Parkanlage Zürichhorn (s. S. 45) schaut man von den Tribünen auf eine Leinwand im See, was die Kulisse des Kinos fast spektakulärer macht als die Spielfilme unterm Sternendach (www.orangecinema.ch).
- **Züri Fäscht:** Das Stadtfest von Zürich findet alle drei Jahre am ersten Juliwochenende statt, das nächste Mal 2016. Erstmals 1951 durchgeführt, hat sich das Volksfest zu einem der größten Events der Schweiz entwickelt, das rund 2 Mio. Besucher anzieht (www.zuerifaescht.ch).

August

- **Nationalfeiertag:** Der Geburtstag der Schweiz am 1. August wird auch in Zürich im großen Rahmen gefeiert. Am Bürkliplatz werden Reden gehalten und abends wird der Feiertag mit einem Feuerwerk und Höhenfeuern auf den umliegenden Hügeln besiegelt.
- **Zürcher Theater Spektakel:** Traditionsgemäß findet das Zürcher Theater Spektakel in den letzten beiden Augustwochen auf der „Landiwiese“ am linken Ufer des Zürichsees statt. Renommierte und aufstrebende Künstler aus aller Welt werden jedes Jahr eingeladen, um ihre außergewöhnlichen Theater-, Tanz-, Performance- und Musikproduktionen vorzustellen (www.theaterspektakel.ch).
- **Street Parade:** Eine Million Raver tanzen jedes Jahr auf einer der weltweit größten Technopartys durch die Zürcher Innenstadt – die dann für den Straßenverkehr gesperrt ist (www.streetparade.com).

September

- **Lange Nacht der Museen:** Jedes Jahr (meist am 1. September) machen die Zürcher Museen die Nacht zum Tag und öffnen nachts ihre Pforten. Zusätzlich findet ein buntes Rahmenprogramm statt (www.langenacht.ch).

- **Freestyle.ch:** Jedes Jahr im September treffen sich auf der Landiwiese am linken Ufer des Zürichsees die weltbesten Snow- und Skateboarder, Freeskier und BMXler, um den begehrten Titel „freestyle.champ" oder „crossover.champ" zu gewinnen (http://freestyle.ch).
- **Zürcher Knabenschiessen:** Das Schießen hat in der Schweiz eine lange Tradition, so auch das Knabenschiessen. Das Zürcher Knabenschiessen blickt zurück auf eine über 400-jährige Geschichte und gehört damit zu den ältesten Bräuchen Zürichs. Seit Generationen treten am zweiten Septemberwochenende die jungen Schützen im Schützenhaus Albisgüetli (Endstation Tram 13) zum Wettschießen um den Titel des Schützenkönigs an. Seit 1991 dürfen sich auch Mädchen beteiligen. Das Ereignis wird von einem dreitägigen Jahrmarkt, dem „Chilbi", begleitet, der gleich neben dem Schützenhaus stattfindet. Viel Musik, Geister-, Achterbahnen und andere Fahrgeschäfte sowie Marktstände mit süßen Köstlichkeiten lassen das Knabenschiessen zu einem beliebten Volksfest anwachsen (www.knabenschiessen.ch).

Oktober

- **Zurich Film Festival:** Das Festival wurde 2005 gegründet und hat sich innerhalb kürzester Zeit zu einem wahren Publikumsliebling entwickelt. Filmpremieren, internationale Spiel- und Dokumentarfilme, die innerhalb der letzten 24 Monate vor Festivalbeginn produziert wurden, und Gespräche mit renommierten Regisseuren locken die Besucher (http://zff.com).

November

- **Expovina:** Die am Bürkliplatz ❺ festgemachten Schiffe laden im November zu einer ganz besonderen Veranstaltung ein: einer Weinausstellung. Über 4000 Weine aus aller Welt können in den rund zwei Wochen der Expovina degustiert werden. Die Bordrestaurants locken mit kulinarischen Köstlichkeiten. Eine im doppelten Sinne schwankende Veranstaltung (www.expovina.ch).

Feiertage

- 1. Januar: **Neujahrstag**
- 2. Januar: **Berchtoldstag**
- **Karfreitag**
- April: **Sechseläuten**
- 1. Mai: **Tag der Arbeit**
- **Pfingsten** (Pfingstmontag)
- **Christi Himmelfahrt**
- 1. August: **Nationalfeiertag** der Schweiz
- September: **Knabenschiessen**
- 1. November: **Allerheiligen**
- 25./26. Dezember: **Weihnachten**

Dezember

- **Christkindlimarkt:** In der imposanten Bahnhofshalle findet ab Ende November einer der größten überdachten Weihnachtsmärkte Europas statt. Über 150 stimmungsvoll beleuchtete Marktstände bieten ihre Geschenkideen an. Darüber hinaus gibt es Glühwein für die großen und Kasperltheater für die kleinen Besucher. Ein prachtvoller Weihnachtsbaum rundet die Szenerie des Zürcher Christkindlimarkts ab. Der Markt ist jedes Jahr bis zum 24. Dezember geöffnet (www.christkindlimarkt.ch).
- **Silvesternacht:** Alle Jahre wieder zum Jahresende spendieren die Zürcher Hoteliers ein atemberaubendes, rund 20-minütiges Feuerwerk am Zürichsee. Die Dimensionen dieses Spektakels sind unbeschreiblich und ziehen jedes Jahr mehr Besucher an den See. Kein Wunder, dass die Stadt von der „größten Neujahrsparty der Schweiz" spricht.

Am Puls der Stadt

021zu Abb.: tk

Das Antlitz Zürichs

Zürich zählt zu den wichtigsten Finanzplätzen der Welt und ist Sitz mehrerer Schweizer Großbanken wie Credit Suisse und UBS. Die Stadt ist der größte Goldumschlagsplatz der Erde und hinter New York, London und Tokio Standort der viertwichtigsten Börse weltweit. Von der wirtschaftlichen Potenz der Stadt und vieler ihrer Bewohner kann man sich auf der berühmten Bahnhofstrasse 2 eindrucksvoll überzeugen. Hier verdichtet sich Zürich zu einem regelrechten Einkaufsparadies mit einem schweizweit unvergleichlich großen Angebot an Konsumgütern und Einkaufsmöglichkeiten. Zürich ist eine erstklassige Einkaufsstadt, zumal, wenn man über das nötige Kleingeld verfügt.

Vorseite: Die Silhouette rechts der Limmat wird geprägt vom Grossmünster 17

Zürich wächst weiter – mittlerweile leben hier 400.000 Menschen

Die heimliche Hauptstadt

Der Kanton Zürich mit der gleichnamigen Hauptstadt ist die **wirtschaftsstärkste Region der Schweiz.** Bereits seit dem letzten Drittel des 19. Jh. und seinem Gründerzeit-Boom ist die „heimliche Hauptstadt" die Wirtschaftslokomotive des Landes. Dabei ist aus der ehemaligen Industriestadt im Laufe der vergangenen Jahrzehnte mehr und mehr eine **Dienstleistungsmetropole** geworden. Während die Textil-, Maschinen- und Elektroindustrie teils untergegangen, teils ins weitere Umland gezogen ist, hat sich z. B. das Versicherungs- und Börsenwesen verstärkt ausgebreitet. Mit seiner Universität und der Eidgenössischen Technischen Hochschule (ETH) zieht die Stadt ambitionierte Nachwuchswissenschaftler aus der ganzen Schweiz und dem Ausland an. Überdies zählen die **Hochschulen** neben der Verwaltung zu den größten Arbeitgebern Zürichs. Auch die **Medien** sind in der Stadt stark vertreten. So hat das Schweizer Radio und Fernsehen (SRF) in Zürich ebenso seinen Sitz wie mehrere lokale Radiosender und

einige der bedeutendsten Zeitungen der Schweiz, z. B. die berühmte Neue Zürcher Zeitung (NZZ) und der Tages-Anzeiger. Nicht zuletzt der Fremdenverkehr mit Millionen von Touristen und Geschäftsreisenden bringt der Stadt erhebliche Einnahmen. Voraussetzung hierfür ist eine perfekte verkehrstechnische Anbindung über Autobahnen, Schienen und den internationalen Flughafen Zürich-Kloten, die Zürich auch zum **Verkehrszentrum der Schweiz** machen.

Finanzplatz im Grünen

Die größte Stadt der Schweiz liegt im sogenannten **Mittelland**, einem Streifen, der sich diagonal vom Bodensee zum Genfer See erstreckt und der neben dem Jura und den Alpen den dritten großen Landschaftsraum der Schweiz darstellt. Das Mittelland entstand einst aus den von den Alpen abgelagerten Geröllmassen. Diese Region ist heute das bevölkerungs- und wirtschaftsstärkste Gebiet der Schweiz, es umfasst u. a. die großen Kantone Zürich, Aargau, Luzern und Bern.

Zu den Vorzügen Zürichs zählt die **attraktive Lage direkt an einem großen See in Sichtweite der Alpen.** In unmittelbarer Nähe befinden sich einladende Ausflugsziele wie die bewaldeten Höhenzüge des Uetlibergs sowie der Zürichberg und der Adlisberg. Neben der Natur in Stadtnähe locken auch zahlreiche Grünflächen in der Bankenstadt selbst. Trotz einer hohen Bevölkerungsdichte hat Zürich einen vergleichsweise großen Anteil von Gärten, Parkanlagen und Waldgebieten. Mehr als ein Viertel der wirtschaftsstarken Metropole besteht aus Grünflächen.

Große Kontraste auf kleinem Raum

Obwohl Zürich nicht einmal ein Neuntel der Fläche Berlins einnimmt, trifft der Besucher auf ein buntes Areal mit vielen Gegensätzen. Die **12 Stadtteile**, die man hier „Kreise" nennt, unterscheiden sich hinsichtlich Charakter, Bevölkerung und Geschichte erheblich voneinander. Im Zentrum des touristischen Interesses liegt die schöne Altstadt mit ihren vielen Se-

022zu Abb.: tk

023zu Abb.: tk

henswürdigkeiten beiderseits der Limmat, unter den Stadtkreisen Zürichs der „Kreis 1", der sich vom Seeende beiderseits der Limmat bis zum Hauptbahnhof erstreckt. Einen Kultstatus hat seit einigen Jahren der **Kreis 5** inne, ein ehemaliges Gewerbegebiet, in dem sich mittlerweile zahlreiche Klubs, Bars, Restaurants und viele Szenegeschäfte angesiedelt haben. Die 12 Kreise Zürichs beinhalten wiederum je zwei bis vier Quartiere.

Ein besonders bunter, multikultureller Stadtkreis ist Kreis 4, das einstige Arbeiterquartier Aussersihl, wo heute Menschen vieler Nationalitäten leben. Der Uni-Kreis ist Kreis 6 bzw. Ober- und Unterstrass am Fuße des Zürichbergs, Standort sowohl der Universität Zürich als auch der Eidgenössischen Technischen Hochschule ETH Zürich.

Ein Wahrzeichen des anderen Zürich: der Freitag-Tower (s. S. 16)

Daten, Zahlen, Fakten

Die Stadt Zürich breitet sich auf einer Fläche von fast 92 km² am nördlichen Ende des Zürichsees in einer durchschnittlichen Meereshöhe von 411 m aus.

Wer einen Blick auf die über 400.000 Einwohner wirft, stellt fest: Es gibt ihn nicht, *den* Zürcher. Hier leben Menschen aus fast allen Staaten der Erde sowie zugezogene Schweizer aus allen Kantonen. Heute liegen die Katholiken mit etwa 33 % als größte Religionsgruppe knapp vor den Angehörigen der Reformierten Landeskirche mit 32 %. Größer werdend sind die Anteile von Konfessionslosen und Muslimen. Unter den Schweizer Städten verfügt Zürich über die größte jüdische Gemeinde.

Mit insgesamt 20 Universitäten, Hochschulen und Fachhochschulen in der Region ist Zürich *das* Wissenschaftszentrum der Schweiz. Über 50 Museen und vor allem mehr als 100 Galerien sowie die Theater- und Musiklandschaft erklären die vielen Kulturschaffenden in der Stadt, die mit Fernseh- und Radiosendern und vielen Verlagen auch eine traditionelle Medienstadt darstellt.

Von den Anfängen bis zur Gegenwart

Die Geschichte Zürichs ist über weite Strecken eine Erfolgsgeschichte, die sich in bedeutenden Kultur-, Technologie- und Wirtschaftsleistungen ausdrückt. Von einer Entwicklung auf der Sonnenseite Europas legen noch heute ein eindrucksvolles intaktes Stadtbild und ein fast überall spürbarer Wohlstand Zeugnis ab.

Stadtgeschichte in Zahlen

15 v. Chr.: Unter dem Namen Turicum errichten die Römer ein Kastell am heutigen Lindenhof 12. Aus „Turicum" entwickelte sich im Laufe der Jahrhunderte das Wort „Zürich".

853: Gründung der Fraumünsterabtei durch König Ludwig den Deutschen. Zürich wird zu einem Zentrum des Christentums.

1081: Zürich fällt als Reichsvogtei an die Zähringer. Nachdem dieses Geschlecht 1218 ausstirbt, avanciert Zürich zur freien Reichsstadt und wird stärker und mächtiger als die meisten anderen Städte der heutigen Schweiz.

1291: Als die Schweizer Eidgenossenschaft gegründet wird, besteht bereits ein Bündnis Zürichs mit den Waldstätten, den Gründungskantonen der Schweiz.

1336: Unter Führung des Ritters Rudolf Brun wird das Zürcher Rathaus gestürmt. Der Einfluss des Adels wird eingeschränkt, den Handwerkern räumt man in einer neuen Verfassung politische Rechte ein und organisiert sie in insgesamt 13 Zünften. Rudolf Brun wird zum Bürgermeister auf Lebenszeit gewählt, dem die Bürger durch Eid zum Gehorsam verpflichtet sind. Wer sich nicht fügen will, wird verbannt, doch die meist ins Seestädtchen Rapperswil Verschlagenen sinnen auf Rückkehr und Rache. Der Versuch, Brun 1350 zu ermorden, schlägt aber wegen Verrats fehl.

1351: Zürich tritt endgültig der Schweizer Eidgenossenschaft bei. In diesen Zeiten schwankt die Bevölkerungszahl der Stadt immer wieder. Aufgrund einer sich gut entwickelnden Wirtschaft und des Zuzugs von Arbeit Suchenden liegt sie um 1300 bei etwa 9000 Menschen, während die Pest, Kriege und Hungersnöte die Bevölkerung erheblich sinken lässt, sodass die Stadt um 1450 nur rund 4000 Einwohner zählt.

1483: Hans Waldmann erlangt mit Unterstützung der Zünfte das Amt des Zürcher Bürgermeisters. Für die Stadt beginnt damit eine Blütezeit, die sich in der Errichtung repräsentativer Bauten wie der noch heute sehenswerten Zunfthäuser niederschlägt.

1489: Konflikte Waldmanns mit den Zürcher Bauern und oppositionellen Gruppen eskalieren und gipfeln in der Hinrichtung Waldmanns.

1519: Huldrych Zwingli (s. S. 54), Spross einer Toggenburger Bergbauernfamilie, beginnt als Leutprediger seine Tätigkeit am Zürcher Grossmünster. Bis zu seinem Tode 1531 entwickelt er die Stadt zu einer der wichtigsten Schweizer Stätten der Reformation.

1755: Die Gründung der Staatsbank symbolisiert das Aufblühen des Bankenwesens ab der zweiten Hälfte des 18. Jh.

1780: Der Dichter und Verleger Salomon Gessner gründet die Zürcher Zeitung, den Vorläufer der renommierten Neuen Zürcher Zeitung.

1798: Eine dramatische Zäsur erlebt die Stadt, als die Franzosen unter Napoleon einmarschieren und Zürich zum internationalen Kriegsschauplatz wird. Die Auseinandersetzungen zwischen Österreich, Frankreich und Russland werden nicht zuletzt in der Schweiz ausgetragen und haben lang anhaltende wirtschaftliche Folgen für die Region um Zürich und das ganze Land.

1815: Nach dem Ende von Napoleons Herrschaft (1813) können allmählich wieder stabile politische Verhältnisse hergestellt werden. Während des Wiener Kongresses wird die Schweiz als unabhängiger, neutraler Staat anerkannt.

1855: Die schon bald weltberühmte Eidgenössische Technische Hochschule (ETH) nimmt ihren Betrieb auf – eine Einrichtung, die auf Initiative des Großindustriellen Alfred Escher ins Leben gerufen wird. Escher fördert auch den Bau der

Von den Anfängen bis zur Gegenwart

Gotthardbahn und ist verantwortlich für den Siegeszug der Eisenbahn im ganzen Land.

1877: Mit der Gründung der Börse steigt Zürich zum Weltfinanzplatz auf.

1918: Ein Generalstreik wird gewaltsam niedergeschlagen. In den späten 1920er-Jahren spürt man auch in Zürich und der Schweiz die Auswirkungen der Weltwirtschaftskrise anhand einer rasant zunehmenden Arbeitslosigkeit.

1928–1949: In die Phase, die wegen eines sozialdemokratischen Stadtrats als „Rote Zürcher Jahre" bezeichnet wird, fällt die zweite große Eingemeindungswelle. Dadurch erreicht die Stadt ihre heutige Größe. Während des nationalsozialistischen Terrors im benachbarten Deutschland wird Zürich wie auch andere Schweizer Städte zur Anlaufstelle vieler Flüchtlinge, von deren Know-how und Finanzkraft man bisweilen sehr profitiert.

1946: Winston Churchill hält seine legendäre Rede vor der akademischen Jugend in Zürich, in der er die Schaffung der „Vereinigten Staaten von Europa" propagiert, welche allein im Kampf gegen die kommunistische Bedrohung bestehen könnten.

1968: Während der sogenannten „Globuskrawalle" richten sich Studenten und Oppositionelle gegen die bestehende gesellschaftliche und wirtschaftliche Ordnung.

1980: Unter dem Slogan „Züri brännt" revoltieren neben Studenten auch andere Jugendliche und Schüler gegen den Staat. Hinzu treten Auseinandersetzungen im Zusammenhang mit einer unüberschaubar gewordenen Drogenszene vor allem um den „Drogenpark Platzspitz", eine der ältesten Parkanlagen Zürichs, und das Lettenareal 37.

1997: Die Liberalisierung des Gastgewerbegesetzes führt zu einem Boom in der Gastronomielandschaft und dem Nachtleben. Es entstehen viele Restaurants, Bars und Klubs, Kreative und Lebens-

Huldrych Zwingli und die Folgen der Reformation

Zunächst war er als Pfarrer in Glarus und Einsiedeln tätig, doch in Zürich wurde Huldrych Zwingli zum bedeutendsten Reformator der Deutschschweiz. Seine Wirkungsstätte als Leutprediger war von 1519 bis zu seinem Tod im Jahr 1531 das eindrucksvolle Grossmünster 17. Die Reformation in Zürich begann 1522 mit dem Bruch der Fastengebote und war bald von Erfolg gekrönt. Vom Grossmünster aus verbreitete Zwingli das Ideal des Friedens und des tugendhaften Bürgers. Schon 1532 setzte Zwingli die Reformation in Zürich durch und „eroberte" von hier aus weitere Gebiete der Schweiz. Die Auseinandersetzung mit der katholisch geprägten Innerschweiz mündete schließlich in Religionskriegen, während derer der große Reformator starb. Nach dem Tod Zwinglis setzte Heinrich Bullinger das reformatorische Werk Zwinglis fort. Infolge der Reformation wandelte sich Zürich allmählich zu einem puritanischen Gemeinwesen, in dem streng über Sitten und Tugenden gewacht wurde. Das Leben begann sich primär um Arbeit und Leistung zu drehen, während Muße und Sinnenfreuden in den Hintergrund traten. Dies führte zu einem lebhaften wirtschaftlichen Aufschwung, während dessen sich Zürich zu der reichen und selbstbewussten Stadt entwickelte, als die es noch heute wahrgenommen wird.

künstler werden in die einst prüde Bankenmetropole an der Limmat gelockt und machen sie zum heutigen Lifestyle- und Trendmekka.

2008: Zürich ist einer der Austragungsorte der Fußball-Europameisterschaft.

2011: Das neu eingeführte Label der städtischen Tourismusgesellschaft „World Class. Swiss Made" dokumentiert das gesunde Selbstbewusstsein der Stadt. In Zürich wird – wie in vielen anderen Finanzmetropolen der Welt auch – im Zuge der sogenannten Occupy-Bewegung gegen die Auswüchse des globalen Kapitalismus demonstriert.

2013: Per Volksentscheid lehnen die Schweizer eine Begrenzung von Managergehältern und eine Erhöhung der Pkw-Maut ab.

2014: Erstmals seit 40 Jahren überspringt die Einwohnerzahl von Zürich die 400.000er-Marke.

Leben in der Stadt

Schon seit langer Zeit hängt Zürich der Beiname **„heimliche Hauptstadt der Schweiz"** an, zum Verdruss manches Baslers und Genfers – ganz zu schweigen von den Bewohnern von Bern, der offiziellen Hauptstadt des Landes. Dass das weitverbreitete Etikett nicht nur ein Klischee ist, zeigt die Bedeutung Zürichs für die Schweiz in wirtschaftlicher, kultureller und auch politischer Hinsicht. Zürich, internationale Verkehrsdrehscheibe der Schweiz, ist die **mit Abstand größte Stadt** im Land, umgeben von der am stärksten besiedelten Agglomeration (über eine Million Menschen) und zugleich Kantonshauptstadt eines seit Jahrhunderten besonders mächtigen Kantons.

Diese erfolgreiche Historie spiegelt sich in einem **ausgeprägten Selbstbewusstsein der Zürcher.** Man weiß um die eigenen Stärken und hat keinen Grund für übertriebene Bescheidenheit, ganz ähnlich der Mentalität in „echten" Hauptstädten. Schließlich arbeitet hier die Elite, ob in den Banken, der Industrie, im Bereich von Medien, Kultur oder anderen Wirtschaftszweigen. Schweizweit gilt: Wer es in Zürich geschafft hat, der schafft es überall. Dies führt von jeher zu einem spannungsreichen Verhältnis zwischen Zürich und den wirtschaftsschwächeren Regionen, in denen man zwar die Kaufkraft der Zürcher Besucher schätzt, sich aber gegen zu viel Einfluss und Abhängigkeit schützen will.

0244zu Abb.: tk

Rastplatz zur Durstbekämpfung: das Café Zähringer (s. S. 70)

Leben in der Stadt

025zu Abb.: tk

Die Bewohner Zürichs leben in aller Regel gern in ihrer Stadt und immer wieder wird die Metropole der Schweiz auf vorderste Plätze in Rankings gewählt, die weltweit die **Lebensqualität** von Städten bewerten. Das verwundert nicht bei all den Vorzügen, angefangen bei der bezaubernden landschaftlichen Lage über das große kulturelle und gastronomische Angebot bis hin zu einem starken Arbeitsmarkt und einer weitgehend intakten Wirtschaft.

Obwohl Zürich keine U-Bahn hat, zeichnet sich die Stadt durch ein **höchst effizientes öffentliches Nahverkehrssystem** aus, dessen Säulen die beliebten Trams (= Straßenbahnen) und die Busse sind. Quer durch die Gesellschaft vom Studenten bis zum Banker nutzt man diese pünktlichen und schnell getakteten Verkehrsmittel, mit denen man auch die entlegensten Ecken der Stadt erreicht. Die erfreuliche Folge: Verkehrschaos und Dauer-Smog wie in anderen Großstädten gibt es in Zürich nicht und und nur die großen Einfallstraßen werden zur Rushhour von Staus heimgesucht.

Spätestens seit dem Ende der studentischen Unruhen und der Auflösung einer überregional berüchtigten Drogenszene ist Zürich **touristisch attraktiver geworden.** Bis in die 1990er-Jahre hinein hatte die Stadt mit ihrem sogenannten „Needlepark“ am Platzspitz einen weithin bekannten Drogenmarkt. Nach dessen Zwangsräumung verlagerte sich die Szene ins Lettenareal, wo zwischenzeitlich Tausende von Drogenabhängigen lebten, ehe das Gebiet 1995 polizeilich geräumt wurde. Die staatliche Drogenabgabe hat seitdem ähnlich tragische Verhältnisse verhindern können.

Auch durch den **Wandel mancher Industrieareale** hin zu Quartieren mit hohem Wohn- und Freizeitwert hat sich die Attraktivität Zürichs in den letzten zehn Jahren erhöht. Mit den Veranstaltungsorten und Gastronomiebetrieben im Trendviertel Zürich-West und der errichteten Sihlcity im Südwesten der Stadt

Freiluftschach auf Dachhöhe

wächst die Anziehungskraft für Zürcher wie Besucher weiter. Auf dem rund 100.000 m² großen Gelände von **Sihlcity** [I10] befindet sich ein Geschäfts- und Erlebniszentrum aus Stein, Stahl und Glas mit Restaurants und Bars, Läden und Kinos. Dieses Areal im Stadtteil Wiedikon ist eine weitere erstklassige Möglichkeit zum Einkaufen und eine schöne Abwechslung zum Shopping in der Innenstadt. Längst kommen nicht nur Geschäftsreisende in die Stadt an der Limmat, sondern immer mehr Städtetouristen, sodass der Tourismus als Wirtschaftszweig immer wichtiger wird.

Zooh! Zürich

Der Zürcher Zoo 34 ist für viele Besucher ein willkommenes Kontrastprogramm nach Power-Shopping oder Kulturmarathon in der Limmat-Metropole. Weit über den Dächern der Stadt auf etwa 600 m. ü. M. gelegen, bietet dieses mittlerweile rund 27 Hektar große Areal ein reizvolles Ausflugsziel für Einheimische und Touristen gleichermaßen. Mit regelmäßig deutlich über 1,5 Millionen Besuchern pro Jahr zählt der Zoo zu den beliebtesten Sehenswürdigkeiten Zürichs.

Rund **4000 Tiere von über 360 Arten** sind im Zürcher Zoo beheimatet, wobei die Arten- und Individuenzahl in den letzten Jahren zugunsten von größeren Gehegen verringert wurde.

Bei seiner Eröffnung im Jahr 1929 verstand sich der Zoo noch als „lebendiges Museum" mit dem schlichten Ziel, seinen Besuchern möglichst viele exotische Tiere aus der Nähe zu präsentieren. Heute ist das Selbstverständnis wesentlich komplexer. Der moderne Zoo Zürich will unter dem Credo „Wer Tiere kennt, wird Tiere schützen" eine fruchtbare Beziehung zwischen Mensch und Tier schaffen. Darüber hinaus ist er ein bedeutendes **Zentrum für Naturschutz und Arterhaltung** mit großen Zuchterfolgen (u. a. von Galápagos-Riesenschildkröten).

Dieser Umstand spiegelt sich auch im **Erscheinungsbild des Zoos** wider. Mehr und mehr wurden die klassischen, vergleichsweise engen Käfiggehege in großzügige, der Natur nachempfundene Anlagen verwandelt. So steht den Tieren wesentlich mehr Platz zur Verfügung und die Besucher haben die Möglichkeit, in die täuschend echt gestalteten Lebensräume der Tiere geradezu einzutauchen. Anders als in den Anfangszeiten des Zoos hat das Wohl der Tiere

026zu Abb.: tk

⊡ Nicht nur Touristen fühlen sich in Zürich wohl

generell Vorrang vor der Neugier der Besucher. Deshalb sollte man nicht zu enttäuscht sein, wenn manche Anlagen nur wenig Einblicke zulassen und den Tieren viele Möglichkeiten bieten, sich zurückzuziehen.

Das konsequent durchgehaltene Konzept ist dabei die **Präsentation von Ökosystemen**, nicht das reine Zurschaustellen von Tieren. Da der Zoo „geografisch" aufgeteilt wurde, gleicht ein Besuch einer Reise durch die „tierischen" Lebensräume Eurasien, Südamerika und Afrika.

Dadurch sind in den letzten Jahren bereits spektakuläre Erweiterungsprojekte entstanden, wie die 2003 eröffnete, rund 11.000 m² große **Masoala-Regenwaldhalle.** Die vielfältige Tier- und Pflanzenwelt darin bildet ein Stück des Masoala-Regenwaldes auf Madagaskar ab. Den Erhalt des gleichnamigen Nationalparks auf der afrikanischen Insel unterstützt der Zürcher Zoo mit jährlichen Spenden und Anteilen aus seinen Einnahmen.

Auf das gewaltige Regenwaldhaus folgte 2006 der eurasische Trockenwald für Indische Löwen, das afrikanische Hochgebirge (2008), die südamerikanische Sumpflandschaft Pantanal für Ameisenbären und Tapire (2012), und im Juni 2014 wird als nächster Meilenstein der **Elefantenpark Kaeng Krachan** eröffnet. Da die alte Anlage für die Asiatischen Elefanten nicht mehr den internationalen Zoostandards und den Bedürfnissen dieser anspruchsvollen Tiere entspricht, wird der neue Elefantenpark mit mehr als 10.000 m² rund sechsmal so groß wie das alte Areal sein. Ein kurvenreicher Weg bringt die Besucher durch eine Wald- und Flusslandschaft in die Welt der Elefanten, die, wie in der südostasiatischen Wildnis, auch von Huftieren und asiatischen Schweinen „bevölkert" sein wird. Ein unterirdischer Einblick in eines der Schwimmbecken lässt die Besucher das Elefantenbad hautnah erleben.

Zürich ist einer der führenden Zoos in Europa betreffend **Zucht von Asiatischen Elefanten.** Bisher wurden acht Jungtiere auf dem Zürichberg geboren, wobei aktuell drei davon noch im Zoo leben. Diese Zuchterfolge liegen sicherlich auch am Zucht- und Leitbullen der Herde: Maxi ist der Vater von elf Jungen.

Weitere **Ausbauprojekte** im „Zooh! Zürich" sind bis 2020 eine afrikanische Savanne für Giraffen, Antilopen etc. sowie eine Regenwald-Freianlage für Gorillas. Übrigens: Ein Besuch des Zoos kann durch die weiten Wege und viele Steigungen im Gelände schon ein bisschen Kraft kosten; nur gut, dass insgesamt vier Restaurants und drei Picknickplätze Gelegenheit zur Stärkung bieten.

Zürich entdecken

Das Zentrum links der Limmat

Zürich ist eine ungewöhnliche Metropole, die einerseits beschauliches Altstadtdörfli geblieben, andererseits mondänes Finanz- und Wirtschaftszentrum der Schweiz geworden ist. Im Zentrum von Zürich findet sich beides, dörflicher Charme und großstädtisches Flair liegen hier dicht beieinander. Als Ausgangspunkt für einen Spaziergang durch das Zentrum links der Limmat empfiehlt sich der Hauptbahnhof, der als historisches Bauwerk selbst eine Zürcher Sehenswürdigkeit darstellt.

1 Hauptbahnhof ★★ [L6]

Man habe seinen Entwurf verkitscht, soll der große Architekt Gottfried Semper einst über den Hauptbahnhof in Zürich gesagt haben – womöglich aus gekränkter Eitelkeit, denn sein Entwurf wurde nicht originalgetreu realisiert, sondern von Jakob Friedrich Wanner abgeändert. Dem Gebäude hat es nicht sonderlich geschadet, zählt der Zürcher Hauptbahnhof seit seiner Einweihung am 16. Oktober 1871 doch zu den schönsten Bahnhöfen Europas.

Im Lauf der Jahrzehnte wurde der Bahnhof allerdings mehrmals umgebaut und erweitert. Aus dem bauhistorischen Puzzle ragt aber immer noch die **historische Bahnhofshalle** heraus, ein prunkvoller neoklassizistischer Bau, der mit seinen Arkaden und Bogenfenstern einen monumentalen Raumeindruck hinterlässt. Das ist kein Zufall, denn mit ihren 43 mal 169 m ist die Bahnhofshalle die größte in der Schweiz und zählt zu den größten überdachten öffentlichen Flächen Europas. In der Halle selbst finden regelmäßig unterschiedliche Veranstaltungen statt: von Gemüse-, Floh- und Weihnachtsmärkten über Open-Air-Kino bis hin zum „Warm-up" der Streetparade. Sehr beliebt ist der **Gemüsemarkt**, der jeden Mittwoch in der Zeit von 11 bis 21 Uhr stattfindet: Neben Gemüse werden dann auch allerlei Obst, Brot, Käse und Blumen angeboten.

2 Bahnhofstrasse ★★★ [L7]

Vis-à-vis vom Hauptbahnhof beginnt die wohl berühmteste Straße der Stadt, die Bahnhofstrasse. Von Linden gesäumt führt sie auf gut einem Kilometer direkt zum Zürichsee. Je weiter man der Straße Richtung See folgt, desto eleganter und luxuriöser werden die Geschäfte.

020zu Abb.: tk

◁ *Vorseite: Kleinstadtflair in Zürichs Gassen*

▷ *Ankommen und Staunen sind am Hauptbahnhof eins*

Wer die Luxusmeile entlangflaniert, stellt deshalb schnell fest, dass an diesem Ort das weitverbreitete Klischee von Zürich als finanzstarker Shoppingmetropole Wirklichkeit wird. Auf der Einkaufsmeile für Gutbetuchte ist alles vertreten, was Rang und Namen hat, von Tiffany über Gucci bis zu Chanel. **Edle Luxusboutiquen** locken mit den neuesten Modekreationen, in anderen Geschäften warten Schmuck, Pelze, Kaschmir und Luxusuhren auf neue Besitzer.

Für den normalen Autoverkehr ist die Straße gesperrt, was sie zu einem **idealen Shoppingareal** macht. Tagsüber herrscht auf der Straße viel Betrieb und großer Trubel, Menschen haben es eilig und die blau-weißen Trams rumpeln die Straße entlang.

3 Peterhof ★ [L7]

Wer die Bahnhofstrasse entlangschlendert, stößt nach wenigen Minuten auf den Peterhof mit der Hausnummer 30. Das Gebäude wurde 1912–1913 zusammen mit dem benachbarten Leuenhof vom renommierten Zürcher Architektenbüro Gebrüder Pfister erbaut und wirkt von außen recht monumental. Ein besonderer Tipp ist allerdings der interessante **Innenhof**, von dem viele Leute nichts wissen und deshalb achtlos vorbeilaufen. Wer das Eisentor des Peterhofs durchschreitet und bis in den kleinen Vorhof durchdringt, erlebt eine achteckige Treppenhalle, die an kubistische Formen erinnert. Rundsäulen tragen das Fächergewölbe der Laubengänge, die von einem Kuppeldach bedeckt sind.

› Tram 2, 6, 7, 8, 9, 11, 13, Station: Paradeplatz

KLEINE PAUSE

Herzhafte Alternative

Wem nicht nach Kaffee und süßen Kleinigkeiten, sondern nach deftigen und herzhaften Schweizer Spezialitäten ist, dem sei der **Zeughauskeller** (s. S. 27) am Paradeplatz empfohlen. Viele Einheimische – auch die Banker in ihrer Mittagspause – gehen hier regelmäßig essen und lassen sich die große Auswahl an Wurstspezialitäten schmecken.

4 Paradeplatz ★★ [L8]

Vom Peterhof ist es nur noch ein Katzensprung bis zum berühmten Paradeplatz, dem Sitz mächtiger Bankinstitute, die hier – so munkelt man – über zwei Drittel der rund 1000 Milliarden Schweizer Franken verwalten, die bislang aus dem Ausland in die Schweiz geflossen sind. Der Paradeplatz gehört zusammen mit der Bahnhofstrasse zum teuersten Pflaster, die Grundstückspreise hier zählen zu den höchsten weltweit.

Hier findet sich auch eines der traditionsreichsten Zürcher Luxushotels, das **Savoy Baur en Ville.** 1838 als „Baur en Ville" eröffnet, wurde es allerdings unter Wahrung der markanten Fassade 1978 neu errichtet.

Gegenüber vom Savoy Baur en Ville zeigt Zürich in Form der berühmten **Confiserie Sprüngli** (s. S. 19) seine Schokoladenseite. Schon seit 1859 hat das berühmte Caféhaus am Paradeplatz seinen Stammsitz. Heute ist Sprüngli eine Institution in Zürich und trotz der pittoresken Aufmachung keine Touristenfalle. Wer es gerne kalorienreich liebt, kann hier wahlweise frühstücken, Mittag essen oder seinen Nachmittagstee mit feinsten Pralinés und Patisserien genießen.

› Tram 2, 6, 7, 8, 9, 11, 13, Station: Paradeplatz

EXTRATIPP

Zentralhof

Wer den Paradeplatz hinter sich lässt, sollte bei der nächsten Möglichkeit links abbiegen. Zwischen zwei Ladenlokalen führt ein kleiner Weg direkt in den schönen Zentralhof, eine Oase mitten im Geschäftsrummel der Bahnhofstrasse. Der einstmalige Posthof bildete in der Mitte des 19. Jh. das Zentrum des ostschweizerischen Postkutschenverkehrs. Hier fuhren einst die Postkutschen ein, die Pferde wurden zur Tränke geführt, Passagiere stiegen zu. 1830 zählte man täglich beinahe 100 ankommende und abgehende Kutschen und täglich 55.000 Passagiere. Mit dem Aufkommen der Eisenbahn neigte sich die Ära der Postkutschen dem Ende zu. An die einstige Pferdetränke im Zentralhof erinnert heute der prächtige gusseiserne Brunnen, der in der Mitte des Platzes steht. Im Sommer ist der blumengeschmückte Platz ein herrlicher Ort, um eine kleine Pause einzulegen. Im Winter lohnt sich ein Besuch, wenn der Brunnen von einer dicken Eisschicht bedeckt wird – ein tolles Bild.

Märkte auf dem Bürkliplatz

Auf dem Bürkliplatz finden von Mai bis Oktober regelmäßig Märkte statt. Besonders beliebt ist der **Flohmarkt**, der jeden Samstag in der Zeit von 6 bis 16 Uhr veranstaltet wird. Ein weiterer schöner Markt ist der **Wochenmarkt**, den die Zürcher „de Bürklimäärt" nennen. Jeden Dienstag und Freitag in der Zeit von 6 bis 11 Uhr werden Blumen, frisches Gemüse, regionale Spezialitäten, Bioprodukte und Exotisches aus aller Welt verkauft. Für eine kleine Pause bietet sich das Bürkli-Beizli an, ein kleiner Kiosk, der zu Marktzeiten Kaffee und kleine Snacks serviert.

5 Bürkliplatz ★★★ [L8]

Am Ende der Bahnhofstrasse, mit dem Bankenviertel im Rücken und mit Blick auf die Berge und den Zürichsee, steht man mitten auf dem Bürkliplatz, einem herrlichen, mit Kastanienbäumen bewachsenen Areal.

Der Platz wurde einst künstlich errichtet, indem unter der Aufsicht des damaligen Stadtingenieurs Arnold Bürkli (1833–1894) von 1882 bis 1887 entlang des Seeufers Land aufgeschüttet wurde, um eine durchgehende Uferpromenade mit Alleen, Wiesen und Parks zu errichten.

So entstand zwischen Bahnhofstrasse und Zürichsee der nach Bürkli benannte Platz. Der mächtige, im Monumentalstil entworfene „Stierbändiger-Brunnen", der den Platz ziert, wurde erst Jahre später, am 20. Oktober 1911, eingeweiht. Inzwischen ist der Bürkliplatz ein **beliebter Treffpunkt für Touristen** und ein Verkehrsknotenpunkt, von dem aus viele Busse und Trams sowie Schiffe verkehren. Direkt gegenüber vom Bürkliplatz befindet sich auch die **Ablegestelle für Ausflugsschiffe** (s. S. 126), die Rundfahrten auf dem Zürichsee oder eine Fahrt auf einem Schaufelraddampfer nach Rapperswil anbieten.

› Tram 9, 11, 5, Station: Bürkliplatz

O29u Abb.: tk

☒ *Ausgefallenes und Originelles gibt es auf den Zürcher Flohmärkten*

6 Frauenbad Stadthausquai ★★ [L8]

Wer vom Bürkliplatz den Stadthausquai entlang Richtung Hauptbahnhof läuft, dem fällt sicherlich die in der Limmat schwimmende Holzkonstruktion ins Auge. Es handelt sich dabei um eine 1888 eröffnete, **wunderschöne Holzbadeanstalt**, die das Schwimmen auch zum ästhetischen Erlebnis macht.

Das historische Bad ist **nur für Frauen geöffnet** und besitzt eine schöne Außenanlage mit Sicht auf das Grossmünster und die gegenüberliegende Altstadt. Auf Holzplanken kann frau sich im Innenteil der Badi unbehelligt von Männerblicken räkeln. Im Außenbereich liegt man ebenfalls auf Planken, während die Limmat an einem vorbeizieht. In den Sommermonaten dürfen am Abend auch Männer das Areal betreten, denn dann wird die Frauenbadi zu einer Bar umfunktioniert, der **Barfussbar** (s. S. 34). Der Name ist Programm: Die Schuhe werden am Eingang ausgezogen und wahlweise schnappt man sich bereitgestellte Pantoffeln oder schlurft barfuß oder auf Socken durch die herrliche Kulisse.

› Stadthausquai, direkt neben dem Bauschänzli, Tel. 044 2513331, www.barfussbar.ch, Badebetrieb tgl. 9–11 Uhr bei jeder Witterung, 11–19.30 Uhr bei guter Witterung, Eintritt: 7 CHF

Eines der schönsten Flussbäder Zürichs: das Frauenbad am Stadthausquai

KLEINE PAUSE

114 [L8] **Café Restaurant Strozzi's**, Fraumünsterstr. 25, Mo.–Fr. 8–23 Uhr, Sa. 9–23 Uhr. Die italienisch ausgerichtete Speisekarte bietet Pasta, Sandwiches und Salate. Im Sommer sitzt man natürlich draußen am Brunnen. Wer dort keinen Platz mehr ergattert oder im Winter kommt, setzt sich in den 1. Stock, denn von dort hat man eine tolle Sicht auf den Innenhof.

7 Fraumünster ★★★ [L8]

Die spätgotische Kirche, die einst auch ein Frauenkloster beherbergte, wurde 853 von König Ludwig dem Deutschen, einem Enkel Karls des Großen, an seine Tochter Hildegard übergeben und von Frauen des deutschen Hochadels bewohnt. Die **politische wie kulturelle Bedeutung** des Fraumünsters sollte nicht unterschätzt werden, denn das Kloster besaß neben riesigen Ländereien bis in das 13. Jh. hinein auch ein eigenes Münzrecht. Die Äbtissinnen waren zudem bis ins späte Mittelalter auch Stadtregentinnen und genossen durch ihre Beziehungen zum Adel die Gunst von Königen.

Das heutige Erscheinungsbild des Fraumünsters geht auf **insgesamt fünf Bauetappen** zwischen dem 9. und 13. Jh. zurück. Bedeutende Bauteile der dreischiffigen Pfeilerbasilika sind der romanische Chor und das frühgotische, hochgewölbte Querschiff. Ursprünglich hatte die Kirche wie das gegenüberliegende Grossmünster zwei Türme, im 18. Jh. wurde jedoch der Südturm abgetragen und der Nordturm erhöht.

Viele Besucher des Fraumünsters zieht es jedoch nicht wegen der unterschiedlichen Bauteile in die Kirche, sondern wegen der **weltberühmten farbigen Fenster**, die von **Marc Chagall** (1887–1985) entworfen wurden. Die lang gezogenen Ostfenster, die

KLEINE PAUSE

Bauschänzli

Über einen schmalen Steg vom Stadthausquai erreicht man die alte Schanze an der Quaibrücke, die als Bastion gegen Angriffe von der Seeseite 1660 in den Zürichsee gebaut wurde. Heute ist das kastanienbaumbewachsene Schänzli von Mai bis September ein **beliebter großer Biergarten.** Im vorderen Teil holt man sich im Selbstbedienungsbereich Getränke an der Theke und sucht sich seinen Platz unter den Schatten spendenden Bäumen oder in der Sonne. Im hinteren Teil warten weiß gedeckte Tische und eine freundliche Bedienung auf Gäste. Jeden Sonntag finden zudem in der Zeit von 11–13 Uhr **Frühschoppen- bzw. Sonntagskonzerte** statt. Livemusik gibt es außerdem in der Zeit von 15 bis 17 Uhr und 19.15 bis 22.30 Uhr. Auskunft zu den jeweiligen Konzerten und anderen Veranstaltungen erhält man auf der Website.

115 [L8] **Bauschänzli,** Stadthausquai 2, www.bauschaenzli.ch, Mai–Sept. tgl. 11–23 Uhr

031zu Abb.:

Chagall 1970 schuf, stellen Szenen aus dem Alten und Neuen Testament dar. Angesichts der prächtigen Glasmalereien Chagalls werden die nicht minder schönen **Glasfenster von Augusto Giacometti** (1877–1947) von den Fraumünsterbesuchern oft übersehen. Die 1945 eingesetzten und in dunklen Tönen gehaltenen Fenster des nördlichen Querhauses waren Giacomettis letztes Werk und tragen den Titel „Das himmlische Paradies".

› Am Münsterhofplatz, Tel. 044 2114100, www.fraumuenster.ch, April–Okt. Mo.–Sa. 10–18 Uhr, So. 11.15–18 Uhr, Nov.–März Mo.–Sa. 10–16 Uhr, So. 11.15–16 Uhr, Tram 2, 6, 7, 8, 9, 11, 13, Station: Paradeplatz (oder Helmhaus)

8 Münsterhof ★ [L8]

Zu Füßen des Fraumünsters breitet sich der Münsterhof aus. Teile der großen, unregelmäßigen Platzanlage dienten früher den Äbtissinnen des Fraumünsters als Friedhof, der nun unterhalb des Platzes liegt. Seit 1221 wurde hier über 400 Jahre lang der Schweinemarkt abgehalten, später war der Hof einer der wichtigsten Marktplätze in Zürich. Der Münsterhof ist **umgeben von barocken Profanbauten.** Als im 13. Jh. Zürich einen Bauboom erlebte, wurde der Münsterhof der einzig repräsentative Platz innerhalb der Stadtmauern. Einige Zünfte errichteten am Münsterhof ihre Gebäude, wie das Zunfthaus zur Waag, das Zunfthaus zur Kämbel und das Zunfthaus zur Meisen. Insbesondere das **Zunfthaus zur Waag** beherrscht das Bild des Platzes: Das breite, blau gehaltene Giebelhaus mit den putzigen Fensterläden wurde 1636/37 anstelle zweier abgetragener Häuser erbaut und ist

032zu Abb.: tk

überwiegend im Renaissancestil (mit Anlehnungen an die Gotik) gestaltet. Das Zunftlokal der Leinen- und Wollweber, Hutmacher und Bleicher besitzt ein prachtvolles Barockportal und beherbergt heute ein exquisites Restaurant (s. S. 30).

› Tram 2, 6, 7, 8, 9, 11, 13, Station: Paradeplatz

9 Kirche St. Peter ★ [L7]

Mitten in der zauberhaften Altstadt mit ihren verwinkelten kleinen Gassen befindet sich Zürichs älteste Kirche, St. Peter. Die Anfänge des Sakralbaus reichen zurück bis in die Zeit der Römer. Bei späteren Ausgrabungen fand man zudem **Mauerreste eines karolingischen Saalbaus**, der 857 erstmals erwähnt wurde.

Ein Highlight nicht nur für Kunsthistoriker: das Fraumünster

KLEINE PAUSE

116 [L7] **Café Wühre,** Wühre 11, Tel. 044 2210898, Mo.–Sa. 8.30–18 Uhr, So. 10–18 Uhr, im Sommer auch länger. Im Sommer ist es schwer, einen der begehrten Plätze auf dem Uferweg Wühre zu ergattern, während drinnen meist noch ein Plätzchen frei ist. Viele Einheimische genießen hier ihr Frühstück – vom Birchermüesli bis hin zum Gipfeli – oder ihren Mittagstisch. Durch den Andrang ist der Service bisweilen etwas langsam und der herrliche Ausblick schlägt sich auf die Preise nieder.

Von der heutigen Kirche stammt der Turm aus dem 13. Jh., während das Kirchenschiff Anfang des 18. Jh. nach einem Großbrand neu erstellt wurde. Am 14. November 1706 fand die feierliche Einweihung der neuen barocken Kirche statt. 2006 feierte die Kirchengemeinde St. Peter daher ihr 300-jähriges Jubiläum. Es war damals der **erste protestantische Kirchenbau,** der nach der Reformation in Zürich erstellt wurde. Von 1778 bis 1801 war Johann Caspar Lavater Pfarrer der Kirche. Der Schriftsteller und Physiognomiker war ein Freund des jungen Goethe. Im Inneren der Kirche ist vor allem der barocke Taufstein aus dem Jahre 1598 sehenswert sowie die reichlich mit Schnitzereien verzierten Chorstühle aus dem 15. Jh.

› Mo.–Fr. 8–18 Uhr, Sa. 9–16 Uhr, Tram 2, 6, 7, 8, 9, 11, 13, Station: Paradeplatz

10 St. Peterhofstatt ★★★ [L7]

An Zürichs ältester Kirche liegt der **wohl romantischste Platz der Stadt,** die St. Peterhofstatt. Der Platz wird umrahmt von bezaubernden historischen Häusern, die zum Teil noch aus dem Mittelalter stammen. In der Mitte des zauberhaften Platzes ragt eine **riesige alte Linde** in den Himmel, um deren Stamm sich eine Bank schlängelt. Der Platz ist eine **kleine Oase im Geschäftsrummel** von Zürich. An 365 Tagen im Jahr herrscht auf der St. Peterhofstatt Ruhe – kaum zu glauben, dass man sich nur zwei Gehminuten vom geschäftigen Treiben der Bahnhofstrasse entfernt befindet. Das Vogelgezwitscher und die Klänge der

0333zu Abb.: tk

riesigen Turmuhr sind die einzigen Geräusche, die die Stille des Platzes unterbrechen. Hier, inmitten mittelalterlicher Prachtgassen, wirkt Zürich geradezu kleinstädtisch.

› Tram 2, 6, 7, 8, 9, 11, 13, Station: Paradeplatz

11 Augustinergasse ★★ [L7]

Die St. Peterhofstatt führt direkt zur Augustinergasse, eine der vielen Seitenstraßen, die die Altstadt mit der Bahnhofstrasse verbinden. Die Augustinergasse ist ein Paradebeispiel dafür, wie eng im Zentrum dörflicher Charme und großstädtisches Flair beieinanderliegen.

Auf der sanft abfallenden und nahe der St. Peterhofstatt engen und verwinkelten Augustinergasse reihen sich **liebevoll restaurierte Fachwerkfassaden** aneinander. Beschauliche Bistros und eine Vielzahl von urigen kleinen Geschäften laden zum Besuch und Einkauf ein.

Eine Besonderheit der alten Wohnhäuser sind ihre kleinen, zum Teil **bunt bemalten Barockerker** an den Fensterfronten. Die Häuser wurden ursprünglich von Handwerkern bewohnt und stammen zum Teil aus dem 14. Jh. Als sich im 17./18. Jh. wohlhabende Fabrikanten in der Gasse niederließen, bauten sie die Häuser um und machten ihren Reichtum in Form der prächtigen Erker auch nach außen hin sichtbar.

› Tram 6, 7, 11, 13, Station: Rennweg/ Augustinergasse

◁ *Ein romantischer und oft fast menschenleerer Ort ist die St. Peterhofstatt*

▷ *Typisch Zürich: Business und Freizeit auf engstem Raum*

EXTRATIPP

Informationstafeln

An vielen historischen und denkmalgeschützten Gebäuden in Zürich sind **kleine blaue Tafeln** angebracht, die über die Geschichte des jeweiligen Hauses informieren. In der Altstadt erhält man anhand dieser Erläuterungen einen guten Einblick in die Historie der schönen Häuser.

12 Lindenhof ★★★ [L7]

Unweit der Augustinergasse findet sich mit dem Lindenhof ein weiterer schöner Platz im Herzen von Zürich. **Auf diesem Areal begann Zürichs Geschichte:** Schon in der Jungsteinzeit, bei den Kelten und in späteren Kulturepochen lebten am heutigen Lindenhof Menschen, ehe die Römer hier einen Zollposten und im Jahre 15 v. Chr. ein Kastell errichteten. Aus dem damaligen Befestigungsnamen „Turicum" entwickelte sich im Laufe der Zeit der Stadtname „Zürich". An die Zeit der Römer erinnert heute noch der **historische Grabstein** des einjährigen Sohnes eines römischen

034zu Abb.: tk

Vorstehers der Zollstation am Lindenhof. Später errichteten die deutschen Könige und Kaiser hier ihre Pfalz.

Bereits 1474 wurden auf dem Lindenhof **52 Linden** gepflanzt, die den Platz auch heute noch dominieren und im Sommer viel Schatten spenden. Das charmante Fleckchen, an dem sich schon Goethe gerne niederließ und sich 1797 „an der lieblichen Aussicht auf das schmucke Zürich" erfreute, bietet neben seiner parkähnlichen Ausstrahlung auch eine **fantastische Aussicht** über die Limmat und die gegenüberliegende Altstadt.

› Tram 6, 7, 11, 13, Station: Rennweg/Augustinergasse

13 Schipfe ★★ [L7]

Vom Lindenhof geht es die winkelige Pfalz- und Wohllebgasse entlang zu **einem der ältesten Quartiere** der Stadt. Die Schipfe war im Mittelalter Umschlagplatz wichtiger Güter und ab dem 16. Jh. ein Ort der Seidenindustrie, der Badstuben und des Schiffbaus. Von letzterem stammt vermutlich auch der Name „Schipfe", der sich von „schupfen" herleitet, was so viel bedeutet wie die Boote ans Ufer und wieder ins oder aus dem Wasser zu holen.

KLEINE PAUSE

117 [L7] **Schipfe 16,** An der Schipfe 16, Tel. 044 2112122, Mo.–Fr. 9.30–16 Uhr. Am Ufer der Limmat befindet sich ein weiterer idyllischer Ort für eine kleine Pause. In einem denkmalgeschützten Haus bietet das Restaurant Schipfe 16 täglich zwischen 11.30 und 13.30 Uhr drei Mittagsmenüs – inklusive herrlicher Aussicht auf das Flusspanorama!

Entlang der Schipfe stehen mehrheitlich gut erhaltene Wohnhäuser aus dem 16., 17. und 18. Jh., die in den letzten Jahren sorgfältig renoviert wurden. Während sich in den Parterregeschossen überwiegend **kleine Kunst- und Kleingewerbeläden** befinden, sind in den oberen Geschossen höchst begehrte Wohnungen entstanden. Die Schipfe führt entlang der Limmat zwischen Rathaus- und Rudolf-Brun-Brücke und ist bis heute eine **Handwerkergasse mit einigen romantischen Läden** geblieben. Viele Spezialisten produzieren hier heute noch ihre Produkte teilweise vor den Augen ihrer Kundschaft. Ein besonders schöner kleiner Laden ist die „Blumen Schipfe", die jedem Spaziergänger im Sommer sofort ins Auge fällt: Dieser Blumenladen schmückt mit seinen bunten, duftenden Pflanzen den ganzen Vorhof, der sich durch das Blumenmeer in eine blühende Oase verwandelt.

› **Blumen Schipfe,** An der Schipfe 25, Tel. 044 2116262, www.blumenschipfe.ch, Mo. 7–18.30 Uhr, Di.–Fr. 8–18.30 Uhr, Sa. 8–16 Uhr

› Tram 4, 15, Station: Rudolf-Brun-Brücke

035zu Abb.: tk

‹ *Uferidyll an der Limmat*

14 Landesmuseum Zürich ★★★ [L6]

Zurück am Ausgangspunkt – dem mächtigen Hauptbahnhof –, wartet mit dem Landesmuseum Zürich eine weitere Attraktion. Am Landesmuseum beeindruckt schon das **gewaltige Bauensemble.** Man fühlt sich an ein Schloss oder eine Burganlage erinnert angesichts des riesigen Gebäudes, das im Jahr 1898 eröffnet wurde. Durch die Größe und Höhe der Ausstellungsräume ist es im Winter bisweilen etwas frisch, bei Kälteempfindlichkeit sollte die Jacke deshalb nicht an der Garderobe abgegeben werden. Um sich wenigstens einen groben Überblick über die interessante Sammlung zu verschaffen, sind rund zwei Stunden einzukalkulieren. Selbstverständlich kann man sich in einem Haus dieser Dimension auch einen ganzen Tag aufhalten. Vor allem die Gebiete Ur- und Frühgeschichte, Mittelalter und die Zeit bis zum 19. Jh. werden durch zahllose Objekte veranschaulicht.

Wie der Name des Museums nahelegt, handelt es sich in der Regel um Stücke, die in der Schweiz hergestellt oder genutzt wurden. Gezeigt werden sowohl Schmuckstücke, Alltagsgegenstände und Mobiliar als auch Gemälde, Trachten sowie Gold- und Silberwaren. Zu den Höhepunkten zählt Ferdinand Hodlers Gemälde „Rückzug der Eidgenossen bei Marignano 1515", das in der Waffenhalle besichtigt werden kann.

Von der **Lebenswelt der hohen Zürcher Gesellschaft** kann man sich in zahlreichen Originalräumen aus vergangenen Jahrhunderten ein Bild machen. So beeindruckt ein Prunkzimmer mit einem herrlichen Winterthurer Kachelofen aus dem 17. Jh. wie auch das Wohnzimmer der Äbtissin Katharina von Zimmern aus der Fraumünsterabtei (1507).

› Museumstr. 2, Tel. 044 2186511, www.musee-suisse.ch, Di.–So. 10–17 Uhr, Do. 10–19 Uhr, Eintritt: 10 CHF, erm. 8 CHF, Tram 4, 11, 13, 14, 17, Station: Bahnhofquai

036zu Abb.: tk

Ein imposanter Anblick: das Landesmuseum Zürich

KLEINE PAUSE

118 [L6] **Bistro des Landesmuseums,** www.bistrolandesmuseum.ch, Tel. 044 2186603, Di., Mi., Fr. 9.30–17 Uhr, Do. 9.30–19 Uhr, Sa./So. 11–17 Uhr. Das Bistro empfängt seine Gäste in historischer Räumlichkeit – aber in einer modernen, bunten Gestaltung. Für den kleinen Hunger bzw. Durst zwischendurch werden Snacks, Kaffee und Kaltgetränke angeboten.

Das Zentrum rechts der Limmat

Am rechten Ufer der Limmat liegt zwischen Central, der Talstation der Polybahn 22, und dem Hirschenplatz [M7] das lebendigste Viertel Zürichs, das sogenannte **„Niederdorf“** mit einer Unzahl von Kneipen, Bars und Gaststätten. Vom Hirschenplatz bis zum Bellevueplatz wird die Szene edler, man befindet sich im „Oberdorf“ mit seinen trendigen Läden, den gehobeneren Restaurants und vielen kulturgeschichtlich bedeutenden Orten.

15 Niederdorfstrasse ★ [M7]

Nach 20 Metern auf der Niederdorfstrasse weiß der Reisende: Es gibt sie nicht, die eine Schweiz, und auch, dass Zürich lediglich eine Stadt der Banker und ruheständelnder Milliardäre sei, ist nur ein Mythos. In dieser meist schattigen, autofreien Straße und den angrenzenden Gassen reihen sich Fast-Food-Imbisse, Erotikgeschäfte und alteingesessene Biertempel aneinander, die ein buntes Publikum anziehen.

Der **Kontrast zur extravaganten Bahnhofstrasse** auf der anderen Flussseite könnte kaum größer sein. Hier im Niederdorf ist immer etwas los, rund um die Uhr lassen sich Jung und Alt Cocktails, Bierchen oder eine Cola schmecken. Die Latte-macchiato-Fraktion und die Weingenießer wird man hier unten kaum sehen, sie haben ihr Revier im Oberdorf oberhalb des Hirschenplatzes [M7], wenn das Niveau der Küche und auch die Preisgestaltung anziehen. In der unteren Niederdorfstrasse herrscht Zünftigkeit – wie beim Johanniter (s. S. 27), einer rustikalen Bierstube, in der man zu vernünftigen Preisen einheimische Speisen erhält. Im Sommerhalbjahr sind die Plätze vor dem mächtigen Gasthaus mit Blick auf das Heer der Flanierenden bereits am späten Vormittag gut gefüllt. Ein besonderer Reiz des Niederdorfs sind die **vielen versteckten Winkel und Ecken**, die man nur mit Muße entdeckt.

KLEINE PAUSE

119 [M7] **Café Zähringer,** Zähringerplatz 11, Tel. 044 2520500, www.cafe-zaehringer.ch, Mo. 18–24 Uhr, Di.–So. 9–24 Uhr, Tram 4, 15, Station: Rudolf-Brun-Brücke. Das Zähringer, ein als Genossenschaft betriebenes Lokal, ist der ideale Platz nicht nur für einen kurzen, sondern auch für einen längeren Stopp. Ob zum Reden, Lesen, Essen, Trinken, Schauen. Eine spektakuläre Teekarte mit grünem Tee aus China und Marokko, Schwarz- und Kräutertees lässt keine Wünsche offen. Entsprechend dem alternativen Geist dieses Ortes werden für die Zubereitung der Speisen so weit als möglich biologische Produkte aus der näheren Umgebung verwendet.

› Die **Weinschenke Hirschen** (s. S. 31). Unter dem Hotel Hirschen steigt man hinab in ein Kellergewölbe aus dem 17. Jh., das zu einem stimmungsvollen Weinkeller umfunktioniert wurde. Edle Weine (auch aus der Region Zürich) werden wahlweise mit kleinen Snacks serviert. Kerzen beleuchten den Raum und sorgen für eine fast mittelalterliche Atmosphäre.

16 Neumarkt – Rindermarkt – Spiegelgasse ★★★ [M7]

Der kopfsteingepflasterte Neumarkt ist einer der sehenswertesten Straßenzüge Zürichs, der sich nach rund 200 m in zwei andere geschichtsträchtige Gassen teilt, den Rindermarkt und die Spiegelgasse. Alle drei sollte man bei einem Zürichbesuch unbedingt gesehen haben.

Hier ist die Limmatstadt besonders malerisch und man hält es nicht für möglich, sich in einer internationalen Wirtschaftsmetropole, an einem Weltfinanzplatz aufzuhalten. Zur Freude der Liebhaber des gepflegten Shoppings befinden sich in vielen der jahrhundertealten Häuser am Neu- und Rindermarkt **kleine, gut sortierte Einzelhandelsgeschäfte**, sei es mit bunten Keramiken, erlesenen Einrichtungsgegenständen oder Designerschmuck.

Dazwischen locken gute Restaurants und verträumte Cafés und auch ein handfester Irish Pub und die älteste Weinstube Zürichs, die legendäre **Öpfelchammer** (s. S. 72), viel zitiertes **Stammgasthaus von Gottfried Keller.** Der Schriftsteller wurde ganz in der Nähe geboren, im Neumarkt 27, dem ehemaligen Haus „Zum goldenen Winkel", an dem heute eine Gedenktafel auf den großen Sohn der Stadt hinweist. Später zog die Familie in den Rindermarkt 9 um und wohnte vis-à-vis der Öpfelchammer.

Enger und weniger schmuckreich als Neu- und Rindermarkt ist die Spiegelgasse, die man aber wegen ihrer **kulturgeschichtlichen Zeugnisse** nicht versäumen sollte. Ehrentafeln erzählen davon, dass im Haus Nr. 14 der politische Emigrant Lenin seinen Wohnsitz hatte. Zwei Generationen zuvor wirkte und starb gleich nebenan in der Spiegelgasse 12 Georg Büchner, der Dichter von „Woyzeck" und „Lenz".

Klettert man die Spiegelgasse weiter hinauf, so erreicht man oben den hübschen **Napfplatz**, der diesen Namen inoffiziell trägt – ein Schild wird man vergeblich suchen. An diesem Ort stoßen die Spiegelgasse, die Napfgasse und die Oberen Zäune aufeinander. Den Platz schmückt ein Brunnen aus dem 16. Jh. mit einer Figur aus dem Jahr 1937. Das ursprüngliche Standbild des Brunnens hatte man gegen Ende des 19. Jh. nach Bauarbeiten entfernt. Beherrscht wird der idyllische Platz von einem mächtigen mittelalterlichen Wohnturm, in dem im 19. Jh. eine Armenschule untergebracht war – zu den Schülern gehörte auch Gottfried Keller.

037zu Abb.: tk

Auch in der Spiegelgasse gilt: für Autos kein Durchkommen

KLEINE PAUSE

120 [M7] **Öpfelchammer,** Rindermarkt 12, www.oepfelchammer.ch, Tel. 044 2512336, Mo. 18–24 Uhr, Di.–Fr. 10–24 Uhr, Sa. 16–24 Uhr, Tram 3, Station: Neumarkt. In diesem Weinlokal aus dem 14. Jh. ging auch Gottfried Keller ein und aus. Ungezwungene Atmosphäre und Zürcher Kost machen das Traditionsgasthaus zu einer angenehmen Bleibe. Ideal für Gegner von trendig-urbanem Chic.

121 [M7] **Piadina-Bar,** Niederdorfstr. 2, Mo.–Sa. 12–24 Uhr, So. 15–20 Uhr, Tram 4, 15, Station: Rathaus. Ein paar Tischchen drinnen und im Sommer ein paar Tischchen draußen – das ist die Piadina-Bar, wo zu Preisen unter 10 CHF leckere Piadinas angeboten werden. Die Panini-ähnlichen Brote sind wahlweise mit Gemüse, Pecorino oder Parmaschinken belegt.

122 [M7] **Neumarkt,** Neumarkt 5, www.wirtschaft-neumarkt.ch, Tel. 044 2527939, Mo.–Fr. 11.30–14 u. 18–24 Uhr, Sa. 12–14.30 u. 18–24 Uhr (bei schönem Wetter ist der Garten am Sonntag ab 18 Uhr geöffnet), Tram 3, Station: Neumarkt. Neben dem Theater am Neumarkt befindet sich dieses lauschige Gartenrestaurant, das abends nur nach Reservierung aufgesucht werden sollte, denn die internationale Küche, eine verwunschen wirkende Szenerie und das freundliche Personal haben sich herumgesprochen.

Das älteste Haus am Platz, „Zum blauen Himmel“, stammt aus dem 12./13. Jh. und steht an der Ecke Napfgasse 8/Obere Zäune 19. Vor uns schlenderte übrigens bereits ein gewisser Goethe durch diese Gassen und besuchte in der Spiegelgasse 11 seinen Freund Johann Caspar Lavater, dessen Familie dort im Haus „Zum Waldries“ residierte.

In der Spiegelgasse 1 (an der Ecke zur Münstergasse) eröffneten am 5. Februar 1916 Hugo Ball, Tristan Tzara, Marcel Janco und Hans Arp das **Cabaret Voltaire** (s. S. 31). Laut Neuer Zürcher Zeitung jener Tage erhielt die Stadt dadurch eine „interessante und unterhaltende Geistes- und Vergnügungsstätte“. Innerhalb kurzer Zeit entstand hier eine Institution der Anti-Kunst, die in der **Geburt der Dada-Bewegung** gipfelte. An der historischen Stätte widmet man sich auch noch heutzutage mit Ausstellungen und Veranstaltungen dem Subversiven.

› Tram 3, Station: Neumarkt

17 Grossmünster ★★★ [M7]

Man sieht das Grossmünster auf jeder zweiten Zürich-Postkarte, es ist DAS Wahrzeichen der Stadt und als Ausgangspunkt für die Reformation in der Schweiz von kirchengeschichtlich erheblicher Bedeutung.

Nach einer Legende soll Karl der Große einen Hirsch von Aachen bis Zürich verfolgt haben, bis sein Pferd genau an jener Stelle innehielt, wo die Gebeine der Märtyrer Felix und Regula ruhten. Daraufhin ließ Karl hier eine Kirche errichten. Bis auf das 11./12. Jh. gehen die ältesten Bauabschnitte der heutigen **romanischen Pfeilerbasilika** zurück, deren Vorbild einst der Kaiserdom in Speyer gewesen sein soll. Die Hallenkrypta ist der älteste Teil der Kirche und wurde im Jahr 1107 geweiht. Das Grossmünster ist ein **dreischiffiger Kirchenbau,** bei dem Chor und Mittelschiff unter einem Satteldach und die Seitenschiffe unter Pultdächern liegen. Im Westen befindet sich eine Doppelturmfassade, die drei unteren Turmgeschosse sind romanisch, das vierte Geschoss des Südturms spätgotisch, während das fünfte und die beiden Glockengeschosse des Nordturms neugotisch sind. An der nördlichen Seite des Nordturms ist eine Reiterfigur von 1180 zu sehen, die früheste Reiterfigur der Schweiz. Im Jahr 1763 brannte der Glockenturm des Münsters aus; den heutigen charakteristischen Aufbau bekamen die beiden Türme zwischen 1781 und 1786. Der französische Dichter Victor Hugo prägte für die Turmspitzen 1839 den Spitznamen „Pfefferbüchsen".

Zu den besonderen jüngeren Attraktionen des Gebäudes zählen die beiden **Bronzeportale**, die von Otto Münch (1885–1965) zwischen 1935 und 1950 geschaffen wurden. Die Zwinglitür, das Portal auf der Limmatseite, zeigt 24 Szenen aus dem Leben Huldrych Zwinglis und der Zürcher Reformationsgeschichte, während man am Nordportal, dem Haupteingang der Kirche, 42 Reliefs mit biblischen Szenen sieht.

Das Innere des Grossmünsters, in dem ab 1519 der Reformator Huldrych Zwingli wirkte, zeigt sich **typisch protestantisch.** Weitgehend ohne Schmuck und Zierde erstrahlt das Gotteshaus mit Kanzel und Taufstein ganz nüchtern, vermittelt aber ein imposantes Raumgefühl. Genauere Betrachtung verdienen die bunten Chorfenster von Augusto Giacometti aus den 1930er-Jahren. Der Spross der berühmten Künstlerdynastie aus dem Bergell gestaltete in kraftvollen Farben Motive der Weihnachtsgeschichte.

038zu Abb.: tk

Das Grossmünster ist das Wahrzeichen der Zürcher Skyline

Die jüngste Sehenswürdigkeit des Grossmünsters sind die zwölf im Längsschiff gelegenen Fenster, die der Künstler Sigmar Polke von 2006 bis 2009 gestaltete.

› 1.3.–31.10. 10–18 Uhr, 1.11.–28.2. 10–17 Uhr, Tram 4, 15, Station: Helmhaus

EXTRATIPP

Markt am Rosenhof

Der Rosenhof ist ein großer Altstadtplatz, der vor allem an Sommerabenden dank gastronomischer Rundumbelegung vor Leben vibriert. Daneben kann man hier donnerstags 10–21 Uhr und samstags 10–16 Uhr unter den mächtigen Kastanienbäumen Keramik und Lederwaren, Kunsthandwerk und Schmuck erstehen – **ein Stückchen alternative Welt** inmitten der Handelsmetropole Zürich.

Der **Gedenkstein** an diesem Platz ist eine Hommage an den Dichter Max Frisch und eine Erinnerung an die unruhigen Zeiten während des Vietnamkriegs.

KLEINE PAUSE

- Schon seit dem 19. Jh. schmeckt es den Liebhabern iberischer Küche in der urgemütlichen **Bodega Española** (s. S. 28). Die hungrige Laufkundschaft findet sicher immer ein Plätzchen bei Tapas und Wein im geselligen Erdgeschoss. Wenn es eng wird, rückt man einfach zusammen. Für ein spanisches Menü im nobleren Rahmen und mit niedrigerem Lärmpegel geht man in den 1. Stock.
- **Teecafé Schwarzenbach** (s. S. 32). Mehr als ein Dutzend Sorten Kaffee und ein Vielfaches an Teevariationen warten auf durstige Kenner. Das gleichnamige „Colonialwaren"-Geschäft bietet die entsprechenden Köstlichkeiten zu Kauf und Mitnahme in die tristen Regionen, aus denen man angereist ist und in denen es kein Schwarzenbach gibt.

EXTRATIPP

Den Karlsturm des Grossmünsters besteigen

Eine sportliche Betätigung mit krönendem Abschluss ist die Besteigung des Grossmünsters. Nach 187 Stufen steht man auf dem Karlsturm und kann ein grandioses Panorama bestaunen. Da der Aufstieg bisweilen sehr eng und luftig ist, sollten Besucher mit entsprechenden Ängsten die Vogelschau auf Zürich lieber von den umliegenden Bergrücken genießen.

- 1.3.–31.10. Mo.–Sa. 10–17 Uhr, So. 12.30–17.30, 1.11.–28.2. Mo.–Sa. 10–16.30 Uhr, So. 12.30–16.30 Uhr, Eintritt: 4 CHF, Kinder 2 CHF

18 Bellevueplatz ★★ [M8]

Die Tramstation Bellevue am südlichen Ende der Altstadt ist unter allen Haltestellen der Zürcher Verkehrsbetriebe (es sind insgesamt über 400) die am meisten frequentierte: 75.000 Personen pro Tag nutzen die Station mit ihrem **legendären Rondell** aus dem Jahr 1938.

Das architektonische Juwel des damaligen Stadtbaumeisters Hermann Herter in der Mitte dieses wichtigen Verkehrsknotenpunkts wurde 2005 renoviert, wobei man sich auch dem Kiosk und dem schönen Belcafé (s. rechts) widmete. Heute erstrahlt das Ensemble im weitgehend ursprünglichen Zustand. Vom Bellevueplatz aus teilen sich Tramlinien in alle Himmelsrichtungen und durch die Nähe zum Niederdorf und zum Schauspielhaus geht es am Bellevue bis spät in die Nacht meist lebhaft zu.

- Tram 2, 4, 5, 8, 9, 11, 15, Station: Bellevue

19 Limmatquai ★★ [L7]

Parallel zu Oberdorf- und Niederdorfstrasse verläuft unmittelbar am Fluss entlang der sehenswerte Limmatquai. Folgt man ihm, so gelangt man vom Bellevueplatz vorbei an einer Reihe stolzer Zunfthäuser und vielen Geschäften wieder zum Central. Aufgrund des wunderbaren Blicks auf die andere Uferseite mit den Türmen des Fraumünsters 7 und von St. Peter 9 ist ein Spaziergang am Limmatquai **ein Erlebnis für jeden Flaneur** und ein bezahlbares Pflaster. Das bunte Volk von Einheimischen und Gästen, das auf der Einkaufs- und Gastronomiemeile unterwegs ist, macht den Limmatquai auch für „Voyeure" zu einem dankbaren Ort.

KLEINE PAUSE

123 [M8] **Weisser Wind,** Oberdorfstrasse 20, www.weisserwind.ch, Tel. 044 2511845, Mo.–Fr. 11–14 u. 17–24 Uhr, Sa. 17–24 Uhr, Tram 2, 4, 5, 8, 9, 11, Station: Bellevue. Sowohl in der gemütlichen Gaststube als auch sommers draußen vorm Haus: Dieses traditionelle Speiselokal bietet Zürcher Spezialitäten zu moderaten Preisen.

125 [M8] **Sternen Grill,** Theaterstrasse 22, www.sternengrill.ch, Tram 2, 4, 5, 8, 9, 11, 15, Station: Bellevue. Die köstlichen St. Galler Bratwürste vom Sternen Grill sind legendär. Seit 2013 kann man sie, nach Renovierung und Ausbau des Betriebs, auch gepflegt am Tisch genießen. Das Take-away im Parterre ist täglich von 10.30 bis 23.45 Uhr geöffnet, das schöne Restaurant, in dem auch vegetarische Speisen angeboten werden, öffnet im ersten Stock von 11.30 bis 23 Uhr.

126 [M8] **Belcafé,** Theaterstr. 22, Tel. 044 2519800, www.belcafe.ch, Mo.–Do. 6–24 Uhr, Fr. 6–1 Uhr, Sa. 7–1 Uhr, So. 7–24 Uhr, Tram 2, 4, 5, 8, 9, 11, 15, Station: Bellevue. Morgens genießt man Kaffee und Gipfeli bzw. Caffè und Cornetti, mittags Panini und Pizzastücke und bis tief in die Nacht gibt es verschiedene Antipasti. Die originelle Einrichtung stammt von Claudia Silberschmidt aus dem Architekturbüro form c.

127 [M6] **Bierhalle Wolf,** Limmatquai 132, www.bierhalle-wolf.ch, Tel. 044 2510130, Mo.–Mi. 11–23.30 Uhr, Do. 11–0.30, Fr. 11–2.30 Uhr, Sa. 15.30–2.30 Uhr, So. 11–24 Uhr, Tram 2, 4, Station: Rathaus. Ein zünftiger Ort, an dem manchmal die Volksmusik laut aufspielt. Bayerische Spezialitäten wie Weißwürste und Kraut, aber auch Rösti, Geschnetzeltes und im Herbst Wildspezialitäten bietet die Speisekarte.

Die Straße, die berühmte Bauten wie das Grossmünster, das Rathaus und die Wasserkirche passiert, wurde im 19. Jahrhundert in mehreren Etappen gebaut und entwickelte sich im letzten Jahrhundert zu einer der wichtigsten Verkehrsachsen Zürichs. Nach längeren Auseinandersetzungen entschloss man sich in den letzten Jahren, den Limmatquai zur **verkehrsberuhigten Zone** umzubauen. Mittlerweile ist der Quai fast völlig den Trams vorbehalten.

20 Marktgasse ★★ [M7]

Eine der schier unzähligen Gässchen, die sich rechts vom Limmatquai in Richtung Niederdorfstrasse ziehen, ist die kleine Marktgasse, die mit **einigen prächtigen und geschichtsträchtigen Gebäuden** aufwartet. So besuchte Gottfried Keller zwischen 1831 und 1837 das Haus Nr. 7, in dem damals ein Landknabeninstitut untergebracht war. Ursprünglich stand an dieser Stelle das Zunfthaus zur Schuhmachern.

Der Komplex Nr. 12–18, der Meyershof, war einst im Besitz des berüchtigten Bürgermeisters Brun und wurde 1946 umgebaut. Am oberen Ende der Marktgasse trifft man auf das **Zunfthaus zur Schmiden** (Hausnr. 20), das im Jahre 1520 umgebaut wurde und einen Zunftsaal erhielt. Seit 1412 ist das damalige Haus „Zum goldenen Horn" im Besitz der Schmiedezunft, im ersten Stock befindet sich eine der ältesten und schönsten Zunftstuben Zürichs mit einer spätgotischen Decke von 1520 (s. S. 30).

› Tram 4, 15, Station: Rathaus

Kronenhalle – Essen unter Meistern

Seit 1862 steht am Bellevue ein ausgezeichnetes Restaurant, das bis heute sowohl in kulinarischer wie auch kultureller Hinsicht Geschichte schreibt. Denn an den holzgetäfelten Wänden der „Kronenhalle“ hängen Bilder von namhaften Künstlern, die manches Museum vor Neid erblassen lassen würden: Miró, Picasso, Braque, Chagall, Kandinsky, um nur einige zu nennen. Zu verdanken hat man die Kunstwerke der einstigen ***Besitzerin der Kronenhalle, Hulda Zumsteg,*** *die zusammen mit ihrem Sohn Gustav ein sicheres Gespür für Kunst besaß und Originale von oben genannten Künstlern kaufte. Zumsteg betätigte sich auch als Kunstförderin und die von ihr geförderten Künstler verkehrten regelmäßig in ihrem Restaurant – und widmeten ihr Blätter und Zeichnungen. Ein von Varlin gemaltes Porträt der Wirtin hängt noch immer in einem der Speisezimmer.*

Die Kronenhalle wurde so im Laufe der Zeit ein ***zentraler Treffpunkt für Prominente, Künstler und Intellektuelle:*** *von James Joyce über Bertolt Brecht und Friedrich Dürrenmatt bis hin zu Alfred Polgar, dem Schah von Persien und Richard Strauss. Als Hulda Zumsteg 1994 starb, erwies ihr ganz Zürich ein letztes Mal die Ehre. Sie wurde auf dem Friedhof Sihlfeld [G6/7] beerdigt. Ihr Sohn Gustav richtete ihr zu Ehren eine Stiftung ein, um die Kronenhalle weiterhin zu erhalten. Heute betreibt eine Enkelin das edle Lokal. Mit dem kulturellen Reichtum wuchert das Restaurant natürlich auch heutzutage: Wer unter einem echten Matisse eine Sankt Galler Spezialbratwurst verspeisen will, zahlt für eine Bratwurst so viel wie sonst nirgends auf der Welt – dafür muss man in anderen Restaurants jedoch mit der Druckgrafik von Matisse vorliebnehmen. Nichtsdestotrotz sind die Gerichte sehr gut und wer in Zürich etwas auf sich hält, speist in der Kronenhalle, das war früher so und ist heute nicht anders. Max Frisch brachte es letztlich auf den Punkt, indem er befand, dass „das Geheimnis der Kronenhalle eines jener Rätsel ist, die man nicht entschlüsseln kann“.*

› *Rämistr. 4, www.kronenhalle.ch, Tel. 044 2629900, tgl. 12–24 Uhr, Tram 2, 4, 5, 8, 9, 11, 15, Station: Bellevue (s. S. 25)*

21 Rathaus ★ [L7]

Das prachtvolle Zürcher Rathaus ist Sitzungsort des Kantons- und Gemeinderats, weshalb der schöne Barockbau leider nicht besichtigt werden kann. Unmittelbar an der Limmat stehend wurde das Gebäude im Jahr 1698 eingeweiht und ist **ungemein reich geschmückt,** ohne aber durch seine Dimensionen Aufsehen zu erregen.

Der vergleichsweise kleine Bau entsprach damit dem Credo einer Bescheidenheit und Sparsamkeit à la Huldrych Zwingli (s. S. 54), konnte aber durch seinen Schmuck dem Bedürfnis nach Repräsentation genügen. Das dreistöckige längsrechteckige Gebäude hat ein **barockes Portal und aufwendig verzierte Fenster** mit Plastiken antiker und Schweizer Helden.

› Tram 2, 4, Station: Rathaus

22 Polybahn ★ [M6]

Dort, wo der Limmatquai auf den Central trifft, stößt der Besucher rechter Hand auf die Talstation der beliebten Polybahn, die auch „Polybähnli“ oder „**Studenten-Express**“ genannt wird, da sie ihre Fahrgäste hinauf zum Hauptgebäude der ETH Zürich bringt.

Der Name der **schmalspurigen Standseilbahn** geht auf das „Polytechnikum“ zurück, die frühere Bezeichnung der ETH. Auf seinem kurzen Weg legt das Bähnchen, das im Jahre 1889 eingeweiht wurde, 176 m zurück und überwindet einen Höhenunterschied von 41 m.

KLEINE PAUSE

Relaxen auf den Holzplanken
Ideal fürs sommerliche Nichtstun oder zum Beschließen eines erlebnisreichen Tages in Zürich ist die schmale Flussterrasse in der Nähe des Rathauses. Hier kann man wunderbar entspannen oder alternativ ein kleines Wein-und-Käse-Picknick genießen.

› Mo.–Fr. 6.45–19.15 Uhr, Sa. 7.30–14 Uhr, fährt alle 2–5 Minuten, Ticket: 1,20 CHF (Fahrt ist im Tagesticket des ZVV enthalten), Tram 3, 4, 6, 7, 10, 15, Station: Central

Zwischen Kunsthaus und Bahnhof Stadelhofen

Zwei berühmte Kulturtempel und der modernste Bahnhof der Stadt machen diesen kurzen Weg südöstlich der Altstadt zu einer spannenden Tour für Kunstfans. Zwischendurch locken gemütliche Cafés, coole Bars und empfehlenswerte Restaurants.

23 Kunsthaus ★★★ [M7]

Das Kunsthaus gehört zweifellos zu den bedeutendsten Kunstmuseen der Welt. Wer sich ein umfassendes Bild von der abendländischen Kunstgeschichte seit dem späten Mittelalter machen möchte, der ist hier gut aufgehoben. Auf über 7000 m² können rund 600 Kunstwerke (aus einem Gesamtbestand von etwa 3500 Objekten) aus den Gattungen Malerei, Skulptur, Grafik, Fotografie und Video besichtigt werden.

Von vielen großen Künstlern besitzt das Kunsthaus wichtige Sammlungen. So präsentiert man hier z. B. die **größte Werkschau Alberto Giacomettis**, einen fantastischen Querschnitt durch alle Schaffensphasen dieses wichtigsten Schweizer Bildhauers des vergangenen Jahrhunderts. Ein weiterer Höhepunkt der Kunst des 20. Jh. ist die **größte Sammlung an Munch-Gemälden außerhalb Norwegens.** Diese Werke sind übrigens in einem der imposantesten und schönsten Räume des Kunsthauses zu besichtigen.

Die Ausmaße dieses Museums laden zu mehrmaligen Besuchen ein. Es empfiehlt sich, sich auf bestimmte Epochen oder Künstlergruppen zu konzentrieren, denn alles andere übersteigt die Aufnahmefähigkeit. So könnte man einen herrlichen Tag allein **im Universum der Impressionisten und ihrer Zeitgenossen** verbringen: Monet, Bonnard und Vuillard, Derain, Matisse und Rodin erwarten die Besucher, daneben erstklassige Werke van Goghs und Gauguins. Eine Alternative bietet die **deutsche und amerikanische Kunst seit 1945:**

Lichtenstein, Pollock, Warhol, Rothko, Newman, Riley, Rauschenberg, Johns und Beuys, Kiefer, Baselitz und Polke stehen parat.

In der **klassischen Moderne** fehlt fast niemand, der gesamte kunsthistorische Kosmos kann in Augenschein genommen werden – von Picasso, Klee und Ernst über Miró, Magritte und Beckmann bis hin zu Kokoschka, Dalí und Chagall. Selbstverständlich sind auch **frühere Zeitalter** mit Namen wie Guardi, Bellotto, Tiepolo und Canaletto, El Greco und Veronese vertreten. Und wem es die niederländische Kunst angetan hat, der geht dank Rembrandt und van Ruisdael ebenfalls nicht leer aus.

EXTRATIPP

Kostenloser Audioguide

Das Kunsthaus besitzt eine sehr ausführliche Audioführung, die kunstinteressierten Besuchern detaillierte Informationen zu über 200 Werken der Ausstellung näher bringt. Anders als in den meisten Museen ist der Audioguide bereits im Eintrittspreis enthalten und in den Sprachen Deutsch, Englisch, Französisch und Italienisch erhältlich. Wer während eines Museumsrundgangs gerne Hintergrundinformationen zu einzelnen Werken erhalten möchte, fragt an der Museumskasse nach dem handlichen Apparat.

Neben diesen üblichen Verdächtigen, die man auch in New York, London oder Paris trifft, bietet das Kunsthaus aber auch eine einzigartige Möglichkeit, in die **Schweizer Kunstgeschichte** einzutauchen. Werke wie der „Grindelwaldgletscher" oder „Silvaplanersee" von Ferdinand Hodler führen den Betrachter in die Schweizer Natur ebenso wie die „Alpweiden" von Giovanni Segantini und die „Gotthardpost" von Rudolf Koller. Durch die Betrachtung von Johann Gottfried Steffans „Bergsee in Graubünden", Alexandre Calmes „Bei Brunnen am Vierwaldstättersee" und Heinrich Wüests „Der Rhonegletscher" wird aus einem Besuch im Kunsthaus eine kleine Reise durch die Schweiz.

Alte und neue Meister sind im berühmten Kunsthaus versammelt

› Heimplatz 1, Tel. 044 2538484, www.kunsthaus.ch, Di., Sa., So. 10–18 Uhr, Mi., Do., Fr. 10–20 Uhr, Eintritt: 15 CHF, erm. 10 CHF, Mi. freier Eintritt, Tram 3, 5, 8, 9, Station: Kunsthaus

24 Schauspielhaus ★★★ [M7]

Nur rund 100 m vom Kunsthaus entfernt steht das berühmte Zürcher Schauspielhaus, seit Jahrzehnten eines der besten und erfolgreichsten Theater im deutschsprachigen Raum. Neben dem großen Haus betreibt das Schauspielhaus vier weitere Bühnen, von denen es der Schiffbau 40 zu besonderem Ansehen gebracht hat.

Bereits im Jahr 1892 wurde an der Stelle, wo heute das Schauspielhaus steht, das private „Volkstheater am Pfauen" eingeweiht. Im Gegensatz zum heutigen seriösen Sprechtheater traten in dem Amüsiertempel damals Schlangentänzerinnen und Fakire auf. Als „Pfauenbühne" errang man erst ab den späten 1930er-Jahren internationalen Ruhm, da Zürich zum **Ziel vieler emigrierter Schauspieler und Regisseure** mit großem Renommee wurde. Während man in den Theatern der Nachbarländer nur noch dem Faschismus huldigen durfte, entwickelte sich das Zürcher Schauspielhaus rasch zu einem **Sammelbecken des Widerstands.** Mitte des 20. Jahrhunderts fanden an dieser Stelle zahlreiche Uraufführungen weltberühmter Stücke statt, so Bertolt Brechts „Herr Puntila und sein Knecht Matti", „Mutter Courage und ihre Kinder", „Leben des Galilei", „Der gute Mensch von Sezuan" und Carl Zuckmayers „Des Teufels General". Als **Hausautoren** des Theaters etablierten sich **Max Frisch** („Andorra", „Biedermann und die Brandstifter") und **Friedrich Dürrenmatt** („Der Besuch der alten Dame", „Der Mitmacher").

› Rämistr. 34, Tel. 044 2587777, www.schauspielhaus.ch, Tram 3, 5, 8, 9, Station: Kunsthaus

25 Bahnhof Stadelhofen ★ [M8]

Zu den wenigen modernen Bauten in Zürichs historisch intakter und homogener Innenstadt zählt der Bahnhof Stadelhofen. Hier hat der spanische Architekt Santiago Calatrava 1990 **ein altes Bahnhofsgebäude auf kühne und äußerst sehenswerte Weise neu interpretiert.** Anstatt das spätklassizistische Stationsge-

KLEINE PAUSE

128 [N7] **My Place,** Hottingerstrasse 4, www.myplacedesign.ch, Tel. 043 4999646, Mo.–Fr. 8–24 Uhr, Sa. 10–24 Uhr. Ein Bistro, das gleichzeitig ein Secondhand-Möbelladen ist. Nicht nur Tapas, Salate und Toasts sind käuflich, sondern auch die Stühle und Tische, an denen man es sich schmecken lässt. Kreativer Nebeneffekt: Durch den Verkauf des Mobiliars verändert sich das Ambiente immer wieder.

129 [M8] **Outback Lodge,** Stadelhoferstr. 18, Tel. 044 2521575, www.outback-lodge.ch, Mo.–Do. 10–1 Uhr, Fr. 10–2 Uhr, Sa. 11–2 Uhr, So. 11–24 Uhr, Tram 11, 15, Station: Bahnhof Stadelhofen. Krokodilfleisch, Känguruwurst oder Emusteak – wer Lust auf Exotisches hat, sollte die australische Outback Lodge nicht verpassen. Sowohl Heimweh-Australier wie auch Australienfreunde fühlen sich hier bei Aussie-Bier ein bisschen wie im Paradies.

Große Dichter in Zürich

Zürich ist nicht nur eine Stadt der Banken, des Geldes und der gehobenen Lebensart. Zugleich ist die Wirtschaftsmetropole seit Jahrhunderten ***ein wichtiges kulturelles Zentrum im deutschsprachigen Raum,*** *von dem schon früh eine große Anziehungskraft auf Künstler ausging.*

Bereits im 14. Jh. war Zürich ein Zentrum des Minnesangs. Mit ***Gottfried Keller*** *(1819–1890) und* ***Conrad Ferdinand Meyer*** *(1825–1898) hat die Stadt zwei der größten Schweizer Dichter des 19. Jahrhunderts hervorgebracht. Keller, der Autor der „Züricher Novellen", wurde in Zürich geboren und wuchs in den Gassen um den Rindermarkt auf, wo mehrere Gedenktafeln an ihn erinnern. Ab 1861 arbeitete Gottfried Keller als Staatsschreiber des Kantons Zürich, sodass er nach Jahren der Entbehrung und Unproduktivität endlich materielle Unabhängigkeit erlangte. Der große Erzähler liebte den Zürichsee und setzte ihm in seinem Hauptwerk „Der grüne Heinrich" ein literarisches Denkmal. Am Mythenquai befindet sich – mit Blick zum See – eine mächtige Büste Kellers, der auf dem Friedhof Sihlfeld [G6/7] seine letzte Ruhestätte fand. Sein Zeitgenosse C. F. Meyer, auf den der historische Roman „Jürg Jenatsch" zurückgeht, verließ Zürich und siedelte sich zunächst in Küsnacht, schließlich in Kilchberg an, wo er in geistiger Umnachtung starb.*

Auch die beiden Riesen unter den Schweizer Schriftstellern des 20. Jahrhunderts, ***Max Frisch*** *(1911–1991) und* ***Friedrich Dürrenmatt*** *(1921–1990), hatten ein enges Verhältnis zu Zürich. Frisch, gebürtiger Zürcher, studierte hier, war bei der Neuen Zürcher Zeitung als freier Mitarbeiter tätig und schrieb seit den 1940er-Jahren regelmäßig Stücke für das Schauspielhaus seiner Heimatstadt. Trotz zahlreicher Reisen und Auslandsaufenthalte blieb der Autor von „Stiller", „Homo faber" und „Andorra" Zürcher und hat in seinen jungen Jahren als Architekt der Stadt sogar ein sehenswertes Freibad hinterlassen.*

Auch das Werk des Berners Friedrich Dürrenmatt ist Zürich verpflichtet. Die meisten seiner berühmten Theaterstücke wie „Der Besuch der alten Dame" und „Die Physiker" wurden ebenfalls am Schauspielhaus uraufgeführt und begründeten Dürrenmatts Ruhm. Die beiden befreundeten Dichterkollegen waren regelmäßige Gäste in der ***legendären Kronenhalle*** *(s. S. 25), wo auch Gerhard Hauptmann, Carl Zuckmayer, Alfred Polgar und viele weitere Künstler einkehrten. Nur wenige Hundert Meter vom Schauspielhaus entfernt war die Kronenhalle ein beliebter Treffpunkt von Theaterleuten. Auch Frischs Vertrauten* ***Bertolt Brecht*** *(1898–1956), der 1947/48 in Zürich wohnte, sah man hier bei Mahlzeit und Gespräch. Nicht an deutschen Bühnen, sondern gleichfalls im hiesigen Schauspielhaus wurden seine „Mutter Courage und ihre Kinder", „Der gute Mensch von Sezuan" und „Leben des Galilei" erstmals der Öffentlichkeit präsentiert.*

Immer wieder war das liberale Zürich ***Zufluchtsstätte für Exilanten und Flüchtlinge*** *aus ganz Europa. Zwei der berühmtesten hat es in die* *kleine Spiegelgasse unweit des Grossmünsters verschlagen: 1836 zog der politische Flüchtling und Privatdozent* ***Georg Büchner*** *(1813–1837) dort ein, starb jedoch schon im Jahr darauf an Typhus. Sein einsames Grab befindet sich nahe der Bergstation der Rigiblickbahn in der Krattenturmstrasse am Zürichberg* **32**. *Der andere Spiegelgassenbewohner war* ***Lenin*** *(1870–1924), der im Februar 1917 für einige Zeit hier Unterschlupf fand, wie eine Gedenktafel erzählt. Ehe er in Russland als Revolutionär agierte, beendete Lenin in Zürich sein in Bern begonnenes Werk „Der Imperialismus als höchstes Stadium des Kapitalismus".*

Wie Max Frisch in seinem Tagebuch vermerkt, wäre Lenin bei einem seiner Spaziergänge an der Spiegelgasse dem Schweizer Autor ***Robert Walser*** *(1878–1956) begegnet. Dieser habe nur eine Frage an Lenin gerichtet, indem er wissen wollte, ob Lenin das Glarner Birnbrot auch so gern habe. Die skurril anmutende Szene würde zur sperrigen Figur Walsers passen, der in vielen Gassen Zürichs wohnte, an mehreren Stellen als Hilfskraft arbeitete und das letzte Drittel seines zerbrochenen Lebens in einer Heilanstalt verbrachte.*

Unmittelbare Hinweise auf Zürich finden sich in ***Elias Canettis*** *„Die gerettete Zunge", einem autobiografischen Roman, in dem der Dichter schildert, dass er die glücklichsten Jahre seiner Jugend in Zürich verbracht habe. Im Alter wohnte Canetti (1905–1994) in London und in der Zürcher Klosbachstrasse. Seine enge Verbindung zur Stadt brachte er auch mit seinem Testament zum Ausdruck, in dem er seinen Nachlass und seine Privatbibliothek der Zürcher Zentralbibliothek vermachte. Der große Romancier wurde in einem Ehrengrab der Stadt Zürich im Friedhof Fluntern* **33** *bestattet, jenem Ort, an dem auch* ***James Joyce*** *(1882–1941) seine letzte Ruhestätte fand.*

Joyce lebte zwischen 1915 und 1920 in Zürich und schrieb hier große Teile seines „Ulysses". In „Finnegans Wake" verewigte er verballhornend verschiedene Zürcher Lokalitäten: So versteckt sich hinter „silly post" die Sihlpost, „The Neederthorpe" meint das Niederdorf und „The Belle for Sexloitez" verweist auf den Brauch des sogenannten Sechseläutens (s. S. 46). Joyce war wie Stefan Zweig, Franz Werfel und die Schweizer Autoren Stammgast im Café Odeon (s. S. 32) nahe der Kronenhalle, zu deren Wirtin Hulda Zumsteg er und seine Frau Nora ein besonders vertrauensvolles Verhältnis hatten.

Bis in die Gegenwart spielt Zürich die zentrale Rolle im Literaturbetrieb der deutschsprachigen Schweiz. Lesungen, Podiumsdiskussionen und Foren prägen die Zürcher Literaturszene und strahlen von hier in die Feuilletons und Kulturdebatten des ganzen Landes aus. Mehrere Dutzend Verlage haben ihren Sitz in der Stadt, in der auch verschiedene Literaturpreise verliehen werden. Die Autoren Zürichs sind u. a. im ***Zürcher Schriftsteller und Schriftstellerinnen Verband*** *organisiert, auf dessen Website (www.zsv-online.ch) sich Interessierte über Buchbesprechungen und Veranstaltungen informieren können.*

Zwischen Kunsthaus und Bahnhof Stadelhofen

040zu Abb.: tk

KLEINE PAUSE

130 [M8] **Commercio,** Mühlebachstr. 2, www.commercio.ch, Tel. 044 2505930, So.–Do. 11–24 Uhr, Fr., Sa. 11–2 Uhr. Gleich gegenüber vom Bahnhof Stadelhofen findet sich dieses stimmungsvolle kleine Restaurant. Die Speisekarte ist italienisch ausgerichtet, die meisten Gerichte sind auch als kleine Portionen erhältlich. Besonders beliebt bei den Gästen ist die fast hundert Jahre alte Stehbar.

131 [M8] **Restaurant Bahnhof Stadelhofen,** Goethestrasse 24, Tel. 044 2505920, www.commercio.ch, tgl. 11–24 Uhr. Hier lässt sich ein Kulturtag schön beschließen. Das zweistöckige Restaurant bietet typische Schweizer Küche von Rösti über Rindsleberli bis zum Zürcher Kalbsgeschnetzelten und Fisch aus dem nahegelegenen See. Das Parterre eignet sich für die etwas eiligeren Zeitgenossen, die vielleicht noch einen Zug erwischen wollen, im 1. Stock werden sich Genießer wohlfühlen.

bäude aus dem Jahr 1884 abzureißen, integrierte Calatrava den Bau in sein Konzept. Die futuristisch anmutende Formensprache des Architekten offenbart sich erst, wenn man den Bahnsteig und die Gleisanlagen mit ihren Beton- und Stahl-Konstruktionen betrachtet und auch den unterirdischen Bereich nicht auslässt. Im Untergeschoss erwarten den Besucher zahlreiche Geschäfte in einer **Einkaufspassage**, die 365 Tage im Jahr geöffnet und ebenso reizvoll dynamisch gestaltet ist wie die oberirdischen Elemente.

Wie bei anderen Projekten Calatravas wurde der Baumeister auch hier **von organischen Formen inspiriert.** Obwohl man nur Stahl und Stein sieht, wirkt die gesamte Anlage auf magische Art lebendig. Wen die Architektur gar nicht anspricht, der kann vom Bahnhof Stadelhofen rasch und kurz getaktet das Weite suchen – die Station zählt zu den Knotenpunkten des Zürcher S-Bahn-Systems.

› Tram 11, 15, Station: Stadelhofen

Sehenswürdigkeit mit Gleisanschluss: Bahnhof Stadelhofen

Utoquai und Seefeld

Am rechten Zürichseeufer und im Kreis Seefeld lässt es sich prächtig flanieren. Zwischen mondänen Villen und dem offenen Seeblick liegen Museen, Parks und Gärten, eine historische Badeanstalt und schöne Restaurants. Die Uferpromenade unterhält mit Straßenkünstlern, Musikern und einer Vielzahl von Freiluftskulpturen.

26 Opernhaus ★★★ [M9]

Am Utoquai steht mit dem Opernhaus **eine der erfolgreichsten und meistbesuchten Kulturstätten Zürichs.** Im Jahr 1891 wurde das Haus mit einer Aufführung des „Lohengrin" eröffnet und bis heute ist die historische Bausubstanz des Gebäudes erhalten. Die prächtige Gestalt des Opernhauses hat das legendäre Wiener Theaterarchitektenpaar Fellner und Helmer zu verantworten.

Im Inneren finden 1100 Menschen Platz und dank der Qualität der Aufführungen ist das Haus in den meisten Fällen ausverkauft. Neben Oper, Operette und Ballett werden auch Liederabende, Aufführungen für Kinder, Jazzkonzerte und viele andere Darbietungen geboten. Bis zu 16 Premieren pro Saison zeigen, wie breit gefächert der Spielplan ist und seit über 100 Jahren können für die Inszenierungen **weltberühmte Regisseure, Sänger und Dirigenten** gewonnen werden, von Wilhelm Furtwängler bis Cecilia Bartoli. Überdies begeistert ein erstklassiges Orchester – kein Wunder, dass auch die Plätze „ohne Sicht" meist weggehen wie warme Semmeln.

› Falkenstr. 1, Tel. 044 2686400, www.opernhaus.ch, Tram 2, 4, Station: Opernhaus

27 Seebad Utoquai ★★ [M9]

Unter Zürichs Badeanstalten ist das Seebad Utoquai **eine „Antiquität"** und eines der beliebtesten Bäder. Schon 1890 wurde der hölzerne Bau in den See gestellt und seitdem hat sich auch kaum etwas geändert. Es gibt weiterhin einen **Bereich für Frauen und einen für Männer,** beide sind heute jedoch durch eine Plattform miteinander verbunden, sodass die historisch strikte Trennung leicht zu überwinden ist. Ein Nichtschwimmerbecken sowie Sauna und Massagezonen sind die Spezialangebote dieser Badeanstalt.

› Utoquai, Tel. 044 2516151, ab Anfang Mai tgl. 7–20 Uhr (je nach Witterung sind längere Öffnungszeiten möglich), Eintritt: 7 CHF, Tram 2, 4, Station: Kreuzstrasse

28 Museum Bellerive ★ [N11]

Dieses Museum, an der Seepromenade zwischen Bellevueplatz und Zürichhorn (s. S. 45) gelegen, lockt mit seinem **intimen Charme.** Die ehemalige Villa, die sich der Seidenfabrikant Julius Bloch 1931 an der Hös-

KLEINE PAUSE

132 [M10] **Restaurant Kiosk,** Seefeldquai 51, Tel. 043 8186050, www.restaurant-kiosk.ch, Mo.–Fr. 10–17 Uhr, Sa. 9.30–17 Uhr, So. 9–17 Uhr (bei schönem Wetter jeweils auch länger). Unter dem Motto „Essen und Trinken am See" werden im Restaurant Kiosk hausgemachte Pasta, Holzofenpizza, allerlei Süßes und alles, was Durst zu löschen vermag, angeboten. Hinter den bunten Plexiglasscheiben kann es im Sommer zwar recht heiß werden, aber für diesen Fall stehen draußen Tische und Stühle im Gras.

041zu Abb.: tk

chgasse bauen ließ, wurde in einen vielfältig nutzbaren Ausstellungsort umgewandelt. Die Räume bieten einerseits den perfekten Rahmen für die exquisite kunstgewerbliche Sammlung, aber auch für zwei bis drei Wechselausstellungen im Jahr, die das **Spannungsfeld zwischen Kunst und Design** thematisieren. Die Themen der Ausstellungen sind dabei durchaus breit angelegt und reichen von Kunsthandwerk und Design bis hin zu Mode und Lifestyle.

Zusätzlich präsentiert das Museum für Gestaltung seine **Kunstgewerbesammlung** in wechselnden Ausstellungen: Musikinstrumente, Möbel, Keramik und Glas. Insbesondere die Jugendstilabteilung genießt einen internationalen Ruf.

› Höschgasse 3, Tel. 043 4464469, www.museum-bellerive.ch, Di.–So. 10–17 Uhr, Do. 10–20 Uhr, Eintritt: 12 CHF, erm. 9 CHF, Kinder bis 12 Jahre gratis, Tram 2, 4, Station: Höschgasse

⌂ *Prachtbauten am Zürichsee*

29 Heidi-Weber-Haus von Le Corbusier ★ [N11]

Es ist zwar nicht häufig geöffnet, doch auch von außen erkennt man das Heidi-Weber-Haus als **außergewöhnliches Zeugnis der architektonischen Moderne.** Der farbenfrohe Pavillon am Zürichhorn ist das letzte entworfene Gebäude von Le Corbusier, einem der einflussreichsten Schweizer Architekten des 20. Jahrhunderts. Die Kunstsammlerin und Mäzenin Heidi Weber erteilte den Auftrag für diesen Bau, der 1967 nach Le Corbusiers

KLEINE PAUSE

Lecker und günstig

133 [N10] **Iroquois,** Seefeldstr. 120, Tel. 044 3837077, www.iroquois.ch, tgl. 8.30–24 Uhr. Lust auf mexikanische oder amerikanische Küche? Auf Nachos, Caesar Salad oder Chicken Wings? Dann nichts wie ins Iroquois an der Ecke Seefeldstrasse/Lindenstrasse. Hier ist das Essen lecker, frisch und bezahlbar. Samstags und sonntags gibts Brunch von 9 bis 16 Uhr.

Plänen postum fertiggestellt wurde. Das Besondere an dem bunten Glas-Beton-Gebäude: Es vereinigt als **Gesamtkunstwerk** Architektur, Skulptur, Möbel, Designs und Texte des Jahrhundertbaumeisters. In Stadtplänen wird der Bau mitunter unter dem offiziellen Namen „Centre Le Corbusier" geführt, der sich aber im Sprachgebrauch noch nicht durchgesetzt hat. Das Museum selbst beherbergt grafische Werke von Le Corbusier und präsentiert Wechselausstellungen.

› Höschgasse 8, Tel. 044 3836470, www.centrelecorbusier.com, Juli–Sept. Sa., So. 14–17 Uhr, Tram 2, 4, Station: Höschgasse

30 Chinagarten ★★ [N11]

Der Chinagarten ist eine eigene kleine Welt, in der alles etwas bedeutet, **hier ist nichts Zufall oder bloße Ästhetik.** Thema des Gartens sind „Drei Freunde im Winter", womit drei Pflanzen gemeint sind, die der kalten Jahreszeit trotzen: die Föhre, der Bambus und die Winterkirsche.

Ein Wasserpalais, kleine Inseln und Brücken schaffen vordergründig eine exotische Atmosphäre, tatsächlich geht es bei der **traditionellen chinesischen Gartengestaltung** jedoch um viel mehr, wie ein Text aus dem 18. Jh. zeigt: „Versuche bei der Konzeption eines Gartens, von Pavillons, Wegen, kleinen Steinbergen und der Pflanzung von Blumen das Gefühl zu vermitteln, dass im Kleinen das Große und im Großen das Kleine, dass im Realen die Illusion und in der Illusion das Reale liegt. Einige Sachen sollten verborgen, andere offensichtlich, einige prominent, andere nur vage sein. Beim Arrangieren eines rechten Gartens reicht es nicht, gewundene Wege in eine große Fläche mit vielen Felsen zu legen. Wer glaubt, damit sei es getan, verschwendet nur seine Zeit und Energie." (Shen Fu)

Auch an Pappeln, Weiden und Gingkos kann sich der Besucher des Chinagartens erfreuen und an einem kleinen Bambuswald, in dem der Wind hörbar wird. Gemäß chinesischer Auffassung sind Bäume und Blumen nicht nur Abbild, sondern auch Quelle der Gefühle und Hoffnungen der Menschen.

› Bellerivestrasse/Zürichhorn, www.chinagarten.ch, Mitte März–Mitte Okt. tgl. 11–19 Uhr, Eintritt: 4 CHF, Kinder bis 14 Jahren in Begleitung Erwachsener 1 CHF, Tram 2, 4, Station: Höschgasse

044zu Abb.: tk

Ein schönes Stück Fernost in Zürich: der Chinagarten

Zürich, das Wasserparadies

Bekanntlich liegt die Schweiz nicht am Meer – ein ***Land des Wassers*** *ist sie trotzdem: Sie kann mit großen Seen, mächtigen Flüssen und (schwindenden) Gletscherregionen aufwarten. Aber nicht nur in der Natur, auch im städtischen Raum wie in Zürich begegnet man dem nassen Element in vielfältiger Weise. Zürich ist, anders als der Rivale Basel, keine bedeutende Hafenstadt; trotzdem ist Wasser allgegenwärtig, spielt aber eher für das Freizeitvergnügen und die Erholung der Einwohner eine Rolle denn als Wirtschaftsfaktor. Die Stadt hat mit 25 Bädern nicht nur eine hohe Bäderdichte, sondern bietet auch* ***eine der vielfältigsten und schönsten See- und Flussbäderlandschaften*** *in Europa. Am lang gestreckten Zürichsee, der über Trinkwasserqualität verfügt, befinden sich einige sehr schöne Badeanlagen wie der Mythenquai (s. S. 119) oder das Jugendstilbad* **27** *am Utoquai. Aber auch entlang der Flüsse Limmat und Sihl finden Wasserratten paradiesische Möglichkeiten: Romantische Badeanstalten aus dem späten 19. Jahrhundert wie die legendäre Frauenbadi* **6** *am Stadthausquai oder die Männerbadi im Schanzengraben (s. S. 119) sind wahre Wasseroasen und verwandeln sich obendrein am Abend in angesagte Outdoor-Bars. So wird aus der Frauenbadi die Barfussbar (s. S. 34), in der neben Bier und Cocktails mitten im Fluss auch Kleinkunst geboten wird, und aus der Männerbadeanstalt die Rimini Bar (s. S. 35). Sympathisch, dass sich beim abendlichen Barbetrieb am Wasser die Geschlechter mischen dürfen.*

Auch an den Flussbädern Oberer Letten und Unterer Letten (s. S. 120) werden sportliche mit gastronomischen Aktivitäten verbunden und wer

042zu Abb.: tk

043zu Abb.: tk

an einem Sommertag erst am Seestrand war und sich abends in einer der Flussbars vergnügt hat, dem fällt zu Zürich gewiss nicht mehr „Banken und Franken“ ein, sondern Spaß und Lebenskunst. Neben den See- und Flussbädern bietet Zürich auch abseits seiner Naturgewässer Gelegenheit zur Abkühlung. Der prominenteste Ort dafür ist das wunderschöne und weitläufige Freibad Letzigraben (s. S. 118), das kein Geringerer als Max Frisch entworfen hat.

*Dank höchster Qualität kann man in Zürich nicht nur im Wasser schwimmen, auch als Brunnenstadt begeistert Zürich seine Gäste. Mit rund **1200 Brunnen, aus denen Trinkwasser sprudelt,** zählt die Stadt zu den brunnenreichsten Städten Europas. Vor allem in der Altstadt trifft der Besucher immer wieder auf willkommene Möglichkeiten, die Trinkflasche für den nächsten Streifzug kostenlos zu füllen.*

⌃ *Weltstadt ohne jede Hektik: chillen am Zürichsee*

⊲ *Urlaubsfeeling mitten in der Stadt bieten die schönen Flussbäder*

Rund um den Zürichberg

Im Osten der Stadt lockt ein Naherholungsparadies mit großartigem Panoramablick und einladenden Spazierwegen. Der Zürichberg ist per Tram und Seilbahn sehr gut zu erreichen. Mit dem Zoologischen Garten liegt hier eine von Zürichs Hauptsehenswürdigkeiten.

31 Seilbahn Rigiblick ★ [M4]

Die Standseilbahn Rigiblick verläuft von der Talstation an der Universitätstrasse hoch zur Bergstation Rigiblick an der Freudenbergstrasse. Während der Fahrt offenbaren sich den Fahrgästen **wunderbare Ausblicke** auf Zürich und die Umgebung am Seeufer.

Dabei ist die Fahrstrecke von nur 385 Metern denkbar kurz. Das Bähnchen nahm bereits im Jahr 1901 seinen Betrieb auf. Es war damals die erste vollautomatische Seilbahn mit Zwischenstationen in der Schweiz. Unterwegs überwindet die Seilbahn einen Höhenunterschied von knapp 100 m.

Oben trifft der Besucher auf beschauliche Straßenzüge mit schönen Villen und Gärten. An der Grenze zwischen städtischer Bebauung und den Wäldern des Zürichbergs ist dies ein **herrliches Areal für ausgedehnte Spaziergänge.**

Für die folgenden Sehenswürdigkeiten bietet es sich an, den Orelliweg zu wählen, der später in die Orellistrasse übergeht und am Fuß des Zürichbergs in Richtung Friedhof Fluntern 33 führt.

› Tram 9, 10, Station: Seilbahn Rigiblick, Betriebszeit tgl. ab 5.20 Uhr bis 0.40 Uhr, Abfahrt alle sechs Minuten, www.vbz.ch

32 Zürichberg ★★ [P4]

Wie der Uetliberg 46 ist auch er ein Hausberg der Zürcher, d. h. ein Berg in unmittelbarer Nachbarschaft zur Stadt bzw. einem Teil der Stadt. Der Zürichberg liegt östlich des Stadtzentrums und ragt 679 m in den Himmel. Dank einiger Gaststätten, schöner Waldwege und verschiedener Sehenswürdigkeiten ist er ein **beliebtes Ausflugsziel** – für die Einheimischen nach der Arbeit oder am Sonntagnachmittag, für Besucher der Stadt zu jeder Zeit.

Höhepunkt hier oben ist bei entsprechendem Wetter der **traumhafte Blick über Zürich und den Zürichsee** sowie die gegenüberliegenden Hügel- und Bergketten. Durch die Blickrichtung halten viele – auch wir – dieses Panorama für noch eindrucksvoller als die Aussicht vom Uetliberg. Es ist daher kein Wunder, dass am Zürichberg ein **begehrtes Wohnviertel** für wohlhabende und wirklich reiche Zürcher liegt. Neben der Sicht erhöht ca. 270 m über der Stadt auch die bessere Luft in unmittelbarer Waldnähe die Lebensqualität der Anlieger. Durchschnitten von vielen Wegen und Sträßchen zieht sich der Zürichberg im Norden bis zum Quartier Schwamendingen und im Osten bis zur Stadtgrenze.

› Tram 5, 6, Station: Zoo

KLEINE PAUSE

134 [P5] **R21 und B21,** Orellistr. 21, www.zuerichberg.ch. Tel. 044 2683565, R21: Mo.–Fr. 6.30–14 Uhr u. 18–23 Uhr, Sa., So. 6.30–23.30 Uhr, B21: tgl. 10–24 Uhr, Tram 5, 6, Station: Zoo. Sowohl für den ausgiebigeren Genuss im Restaurant R21 wie auch für eine Kleinigkeit oder einen Drink in der Bar B21: Die gastronomischen Angebote im Sorell Hotel Zürichberg (s. S. 124) sind ideal auch für Nicht-Hotelgäste. Neben dem guten Essen kommt man an diesem Ort in den unvergesslichen Genuss der einmaligen Aussicht über die Stadt, den Zürichsee und die Schweizer Bergwelt.

Fast rundherum bebaut: das Ufer des Zürichsees

33 Friedhof Fluntern ★ [Q5]

Viele **namhafte Persönlichkeiten aus dem Kunst- und Kulturleben** haben auf diesem Friedhof ihre letzte Ruhestätte gefunden. Unter ihnen der irische Schriftsteller **James Joyce**, der Literaturnobelpreisträger **Elias Canetti** und die Schauspielerin **Therese Giehse.**

Dass Joyce in der Nähe des Zoos beerdigt wurde, soll für seine Lebensgefährtin Nora ein Trost gewesen sein, da er so das Gebrüll der Tiere hören konnte, von denen er die Löwen besonders geliebt haben soll. Für die Grabstätte von Joyce stiftete die Stadt Zürich 1966 ein Ehrengrab, für das der amerikanische Künstler Milton Hebald eine Bronzestatue schuf: Sie zeigt den auf einem Sockel sitzenden Joyce, der seinen Blick in die Ferne schweifen lässt und in seinen Händen ein aufgeschlagenes Buch und eine Zigarette hält. Im Nachbargrab von Joyce wurde ein weiterer prominenter Schriftsteller bestattet, der lange Zeit in Zürich lebte: Elias Canetti.

Wer wissen möchte, welche anderen Persönlichkeiten auf dem Friedhof beerdigt wurden, der werfe einen Blick auf die Namensliste, die sich am Zentraleingang des Friedhofs befindet und Auskunft gibt über den genauen Ort der Grabstätten.

› Zürichbergstr. 189, Tram 5, 6, Station: Zoo

34 Zoo Zürich ★★★ [Q4]

Hoch oben auf dem Zürichberg thront der Zürcher Zoo, der zweifellos mit zu den größten Attraktionen der Stadt zählt, die man sich – egal ob groß oder klein – nicht entgehen lassen sollte.

Die Gestaltung der Anlage gleicht eher einem riesigen Erlebnispark, das Konzept des Zoos kann als beispielhaft bezeichnet werden. Die **Tiere leben in naturgetreu gebauten und bepflanzten Lebensräumen**, die ohne Gitter und Zäune auskommen. Rund 4000 Tiere von über 400 Arten leben in dem parkähnlichen Landschaftszoo, darunter auch einige zoologische Raritäten wie der große Ameisenbär, das Spitzmaulnashorn oder das Zwergflusspferd. In den Sommermonaten kann man sogar wilde Störche beim Aufziehen ihrer Jungen beobachten.

Ein absolutes Highlight des Zoos ist der **Masoala-Regenwald**, der 2003 eröffnet wurde: Auf 11.000 m² durchquert man auf verschlungenen Pfaden eine Nachbildung der tropischen Tier- und Pflanzenwelt Madagaskars. Die Wege führen vorbei an Bächen, Seen und einem sechs Meter hohen Wasserfall und schlängeln sich durch ein Dickicht aus Palmen und Lianen, in denen sich die Tiere frei bewegen. Um die Lemuren, Schildkröten, Geckos, Chamäleons oder Flughunde in dem immergünen Biotop zu entdecken, muss man seine Augen offen halten – doch aufgepasst: Oft ist das Gesuchte zum Greifen nah.

Für Juni 2014 ist die Eröffnung des großen Elefantenparks geplant: In der über 10.000 m² großen Anlage können die Besucher durch eine Wald- und Flusslandschaft wandern und dabei die Tiere unter anderem unterirdisch beim Baden beobachten.

› Zürichbergstr. 221, Tel. 044 2542505, www.zoo.ch, Eintritt: 22 CHF, Kinder 6–16 Jahre 11 CHF, März–Okt. tgl. 9–18 Uhr (Masoala-Regenwald 10–18 Uhr), Nov.–Feb. tgl. 9–17 Uhr (Masoala-Regenwald 10–17 Uhr), Tram 5, 6, Station: Zoo

Kreis 5 – Zürich-West

In Zürich-West wurde einst in **riesigen Fabrikhallen** malocht. Doch seit den 1980er-Jahren stirbt das alte Arbeiterviertel aus – und erlebt dennoch eine neue Blütezeit: Als die Industrie wegzog oder ihre Produktion auslagerte, standen viele Räume und Hallen leer. Nach und nach **zogen junge Kreative, Künstler und Studenten in die leer stehenden Gebäude** und verwandelten das Areal in eine **stadtbekannte Kunst- und Kulturzone.** Inzwischen zählt das einst schmutzige Industrieareal zu den trendigsten Vierteln in Zürich und es herrscht **eine innovative Atmosphäre.**

Alte Fabrikgemäuer stehen neben moderner Architektur aus Stahl und Glas. Die **Mischung aus Kunst, Kultur und Architektur** hat Erfolg und lockt an den Wochenenden viele erlebnishungrige Menschen an. Das Industriequartier ist besonders beliebt unter jungen Partygängern und Tanzlustigen, die in den **unzähligen Kneipen und Klubs** feiern oder gleich auf der Straße tanzen. Die meisten Klubs und Bars, die zu den angesagtesten der Stadt zählen, finden sich rund um die Hardbrücke und die angrenzenden Straßen.

Als kulturelles Herz von Zürich-West gilt der **Schiffbau** 40, die Zweitbühne des Zürcher Schauspielhauses. Nachdem die Bühne im Jahr 2000 eröffnet wurde, begann der eigentliche Aufschwung des Quartiers. Das Theater war selbst Motor für die Entwicklung dieses Kreises, da das Schauspielhaus mit der Ansiedlung und Etablierung einer kulturellen Institution, die eigentlich der Elite und dem Hochglanzsektor zugerechnet wird, ein Zeichen setzte. Wo früher Schiffe und Turbinen produziert wurden, kann man heute Experimentaltheater erleben.

Im Kreis 5 kann man aber nicht nur gut feiern, sondern auch **hervorragend shoppen:** In der Josef- und der Konradstrasse 35 haben sich viele junge Designer und Kreative niedergelassen und schrille Läden eröffnet. Trashig und kultig ist auch die Gegend an der Hardbrücke in der Nähe des Escher-Wyss-Platzes [I3]. Allerdings ist der Montag ein schlechter Tag für einen Shoppingausflug, da die meisten Läden nur von Dienstag bis Samstag geöffnet haben.

35 Josefstrasse/ Konradstrasse ★★ [K5]

Entlang der Josef- und Konradstrasse finden sich viele Shops lokaler Designer, die ihre neuesten Kreationen an die Frau bzw. den Mann bringen möchten. Zahlreiche Läden mit außergewöhnlichem Schnickschnack reihen sich in den Straßen aneinander und sind für Trendbewusste und Liebhaber ausgefallener Stücke die reinste Fundgrube.

Schweizer Design gibt es beispielsweise bei Beige (s. S. 16), wo farbige Strickkleider, -jacken oder -mützen zum Programm gehören, und Tamara Rist bietet unter dem Label SWALLOW-D (s. S. 17) bunte Taschen an. Einen Besuch wert ist auch das Geschäft einzigart (s. S. 19) – kein Möbelladen im konventionellen Sinn, sondern einer, in dem Designer ihre neuesten Werke ausstellen können. Ähnlich einer Galerie können Künstler für zwei Monate ihre Entwürfe präsentieren.

Daneben gibt es **allerei Kleinkram,** den man vorher noch nirgendwo gesehen hat. Das reinste Plastikblumenmeer ist die skurrile Welt von Lil-

EXTRATIPP

Klingenhof

Von der Josefstrasse kommend läuft man zwischen den Hausnummern 42 und 46 durch die Pforte, die in den Klingenhof führt, einem bezaubernden, alternativen Innenhof. Bis 1978 standen in dem überschaubaren Areal die für Zürich typischen Innenhofgebäude, in denen sich meist Handwerker niedergelassen hatten. Anders als in anderen Innenhöfen Zürichs hat man im Klingenhof das alte Gebäude nicht vollständig abgerissen, sondern die Überreste als „Spielwiese" für Kinder stehen lassen. Die bunt bemalte Ruinenlandschaft gilt inzwischen als einer der interessantesten Innenhöfe Zürichs, in dem man im Sommer herrlich abhängen kann. Tischtennisplatten stehen zur Verfügung und im Sommer kann man auf der Terrasse des tantpis (s. S. 92) die Aussicht in die Ruinenlandschaft bei einem Milchkaffee oder einem kühlen Bier genießen.

› Tram: 4, 11, 13, 14, Station: Bahnhofquai/HB

li Tulipan (s. S. 20). Der Laden versteckt sich in einem kleinen Hinterhof an der Josefstrasse und bietet von schrillen Plastikblumenketten bis hin zum bunten Plastikgeschirr vielerlei Ideen, was man den Daheimgebliebenen mitbringen kann.

› Tram 4, 11, 13, 14, 17, Station: Bahnhofquai/HB

36 Museum für Gestaltung ★ [K5]

Das Museum wurde zwischen 1930 und 1933 von den Zürcher Architekten Adolf Steger (1888–1939) und Karl Egender (1897–1969) entworfen. Der Bau, der gleichermaßen als Kunstgewerbeschule, Laboratorium und modernes Museum funktionieren sollte, war in der Bevölkerung **wegen seiner stark reduzierten Formen umstritten.** Wie sooft bei solchen Projekten zählt das inzwischen denkmalgeschützte Gebäude heute zu den herausragenden Beispielen des Neuen Bauens in der Schweiz.

Der **an die Bauhauszeit erinnernde Museumskubus** fällt schon von Weitem auf: Drei flachgedeckte, großzügig konzipierte Körper schieben sich zu einem L-förmigen Bau zusammen. Der sechsgeschossige Schultrakt liegt am Sihlquai und schließt sich rechtwinklig an den dreigeschossigen Museumstrakt an.

Das Museum selbst widmet sich den großen **Hauptthemenfeldern Design, Visuelle Kommunikation und Architektur.** In den jährlich fünf bis sieben Wechselausstellungen werden diese Bereiche thematisiert.

› Ausstellungsstr. 60, Tel. 043 4466767, www.museum-gestaltung.ch, Di.–So. 10–17 Uhr, Mi. 10–20 Uhr, Eintritt: Halle/Galerie 12 CHF, erm. 8 CHF, Tram 4, 13, 17, Station: Museum für Gestaltung

37 Lettenareal ★★ [L4]

Das Lettenareal zieht sich am rechten Limmatufer vom Platzspitz [L5] bis nach Wipkingen entlang und teilt sich in den Oberen und den Unteren Letten.

Am Limmatufer am Oberen Letten sind Sitzstufen und Sitzmauern, Liegewiesen für Badende und Beachvolleyballfelder angelegt. Das Lettenareal ist eine **äußerst beliebte Flanier- und Kulturmeile.** Die Gegend rund um die Kornhausbrücke [K4] zieht in den Sommermonaten Scharen von

KLEINE PAUSE

135 [K5] **tantpis,** Konradstr. 73, www.tantpis.ch, Tel. 044 2711241, Mo.–Fr. 9–23.30 Uhr, Sa. 17–23.30 Uhr. Das kleine Restaurant bezeichnet sich selbst als gentechfreie, orientalische Zone. Hier genießt man mittags und abends hausgemachte Gerichte oder schaut für eine kleine Pause einfach nur auf ein Getränk vorbei.

136 [J3] **Restaurant Markthalle,** Eisenbahnviadukt, Tel. 044 2010060, Mo.–Do. 10–24 Uhr, Fr., Sa. 8–24 Uhr, So. 9–17 Uhr. Nach dem Einkauf bietet das in einen Viaduktbogen eingefasste **Restaurant Markthalle** Gelegenheit zur Stärkung. Frühstück gibt es täglich von 9–11 Uhr, alle Gerichte werden mit hochwertigen Produkten zubereitet, das Bio-Schwein stammt aus der Zürcher Metzgerei Reif. Empfehlenswert ist der Markthallen-Burger.

Vergnügungs- und Erholungssüchtigen an. Tagsüber amüsiert man sich in der **Badi Oberer Letten** (s. S. 120), einem Flussbad mit szenigem Publikum, das bereits 1952 erbaut wurde. Auf der gegenüberliegenden Limmatseite der Badi wird das bunte Treiben am Abend fortgesetzt: Ein ausrangierter Berliner S-Bahn-Waggon ist zur Stazione Paradiso umfunktioniert worden (s. S. 35). Wer sich vom Oberen Letten weiter flussabwärts bewegt, stößt unweigerlich auf den **Unteren Letten** und das gleichnamige **Gratis-Flussbad** (s. S. 120), das aus einer schönen Holzkonstruktion aus dem Jahr 1909 besteht. Hier springen einige Schwimmer vom ehemaligen Bahnviadukt ins kühle Nass und lassen sich anschließend in die Badi treiben. Am Abend verwandelt sich auch dieses Bad in eine schöne Flussbar und im Juli auch in das Freiluftkino Filmfluss (s. S. 39).

› Tram 4, 13, 17, Station: Limmatplatz

38 Eisenbahnviadukt ★ [J3]

„Ein grandioses Bauwerk", titelte die Neue Zürcher Zeitung im August 1894 zur Eröffnung des imposanten Eisenbahnviadukts, das über 843 m Länge in einem großen Bogen das gesamte Industriequartier umspannt. Das markante Bauwerk wurde zwischen 1892 und 1894 unter Leitung von Robert Moser realisiert und war **eine der größten Zürcher Bauunternehmungen des 19. Jh.**

Der Damm wurde aus behauenen Natursteinen erbaut und hat sich zu einem **Markenzeichen von Kreis 5** entwickelt. Er ist für viele der Punkt, ab dem Zürich-West beginnt. Der alte Eisenbahnviadukt über die Limmat steht inzwischen Spaziergängern und Fahrradfahrern offen.

Dabei begeistert mittlerweile nicht nur das Bauwerk, sondern die Vielzahl verschiedener Modegeschäfte, Klein-Restaurants und Cafés sowie die **wunderschöne Markthalle im Viadukt.** Hier findet man neben Bäcker, Metzger und Blumenladen auch außergewöhnliche Läden wie „Berg und Tal". Mit diesem Marktladen hat sich Daniel Rüfli einen Traum erfüllt und bietet von Mais aus dem Rheintal über Tessiner Risotto bis zu Engadiner Wurst ein großes Spektrum an Schweizer Produkten, die er von rund 200 kleinen Erzeugern bezieht. Eine

› *Kulturlocation im Wandel: das Löwenbräu-Areal*

Liste der Anbieter und viele weitere nützliche Informationen zu Viadukt und Markthalle findet man auf der Website www.im-viadukt.ch.

› **Berg und Tal,** Tel. 044 2712161
› **Markthalle:** Mo.–Do. 10–20 Uhr, Fr., Sa. 8–20 Uhr
› Tram 4, 13, 17, Station: Dammweg

39 Löwenbräu-Areal ★★ [J3]

Das Löwenbräu-Areal mit seiner roten Backsteinfassade fällt schon von Weitem ins Auge. Der imposante Ziegelbau gehörte einst zur gleichnamigen Brauerei, die 1897 hier ihre Zelte aufschlug, um die Produktion nach Zürich zu verlegen, ihren wichtigsten Absatzort. Der burghafte Charakter der Anlage wurde damals ganz bewusst geplant. Er sollte an die bis ins Mittelalter zurückreichende Tradition der Braukunst erinnern.

Als die Kunsthalle Mitte der 1990er-Jahre ihre alten Räumlichkeiten aufgeben musste, suchte man nach neuen Räumen und wurde auf dem Gelände der alten Brauerei fündig. Wo einst Bier gebraut wurde, hat seit 1996 die Kunst das Sagen. Für die Betreiber der **Kunsthalle** (s. S. 40) und die ausgestellte Kunst sind die Räumlichkeiten der ehemaligen Brauerei ein Glücksgriff, denn die großen Werkhallen sind ideal für große Kunstwerke und ausladende Installationen.

Aber auch das Löwenbräu-Areal hat nachhaltig vom Einzug der Kunsthalle profitiert, denn kurze Zeit später ließen sich neben der Kunsthalle noch zahlreiche andere Galerien und Museen nieder, so das **migros museum** (s. S. 41), die Daros Latinamerica Collection und die Galerie Hauser & Wirth. Innerhalb kürzester Zeit entwickelte sich das Areal zu einem weit über die Grenzen der Schweiz hinaus bekannten **Zentrum für zeitgenössische Kunst** und lockt jährlich ein internationales Publikum in die Hallen. In den vergangenen Jahren wurde das Areal zudem erweitert und umgebaut. Enstanden ist ein Kunstkomplex, in dem sich kommerziell, privat und öffentlich genutzter Raum befinden: Museen, namhafte Galerien, Buchhandlungen, Büros und Privatwohnungen finden sich hier Tür an Tür.

› Tram 4, 13, 17, Station: Dammweg

047zu Abb.: tk

046zu Abb.: tk

KLEINE PAUSE

137 [I3] **menüfoif,** Hardstr. 320, Mo.–Do. 11–14 Uhr u. 16–18.30 Uhr, Fr. 11–14 Uhr. Ein schriller Großstadt-Imbiss, der schon vor dem Eingang mit einem pinkfarbenen Sonnenschirm aufwartet. Die Farbe setzt sich auch im Innenraum fort, wo man zu günstigen Preisen *iklämmti* (Sandwiches) und Pizzataschen serviert bekommt. Die knappen Öffnungszeiten sind gewöhnungsbedürftig, aber die Preise entschädigen: Ein Dosenbier und eine Pizzatasche gibts zusammen schon für 10 CHF.

EXTRATIPP

Frau Gerolds Garten

Frau Gerolds Restaurant, Markt und Stadtgarten hat sich seit dem Sommer 2012 zu einer extrem beliebten Location in Zürich-West gemausert. Das kunterbunte Areal nahe dem Freitag-Turm empfängt seine Besucher mit einer Schiff-Container-Bar samt Gartenwirtschaft, kleinen Shops und Boutiquen sowie einem urbanen Nutzgarten. Im Garten-Restaurant gibts mittags und abends wechselnde Menüs zu erfreulich fairen Preisen.

138 [I4] **Frau Gerolds Garten,** Geroldstr. 23, www.fraugerold.ch, Bar/Restaurant 15. April–15. Oktober, Mo.–Sa. 11–24 Uhr, So. 12–22 Uhr, Markt Mo.–Fr. 11–19 Uhr, Sa. 11–18 Uhr. Winterpavillon: Nov.–März, Mo.–Sa. 17–24 Uhr

40 Schiffbau ★★★ [I3]

Die eindrucksvolle Schiffbauhalle, die mit ihrem gelben und roten Sichtbackstein und den hohen Rundbogenfenstern sofort ins Auge fällt, wurde 1891/1892 erbaut. In der schmalen Halle, die eine geradezu filigran gehaltene Tragekonstruktion besitzt, wurden früher Schiffe, Motoren und Turbinen produziert – ein florierendes Geschäft für den Besitzer Escher-Wyss, der weltweit exportierte.

Doch irgendwann liefen die Geschäfte nicht mehr ganz so gut; 1969 wurde das Traditionsunternehmen von der Winterthurer Sulzer AG übernommen, die ihrerseits ab 1999 ihre Abteilungen schließlich verkaufte. 1995 wurde die Halle bereits unter Denkmalschutz gestellt und von der Schauspielhaus Zürich AG übernommen. Inzwischen hat die Schiffbauhalle wieder an die alten, glorreichen

Der Schiffbau – eine junge Legende in der Schweizer Theaterlandschaft

Zeiten anknüpfen können – diesmal allerdings auf dem kulturellen Sektor. Denn seit das renommierte **Zürcher Schauspielhaus** 24 in einer ehemaligen Montagehalle eine **Zweitbühne** errichtet hat, auf der im Gegensatz zum ehrwürdigen Theater in der Altstadt überwiegend Experimentelles geboten wird, gilt der Schiffbau als **kulturelles Herz von Zürich-West**, das den Aufschwung im ehemaligen Arbeiterviertel beflügelte.

Im Schiffbau findet sich aber nicht nur die Bühne des Schauspielhauses, sondern hier sind auch einer der besten Jazzklubs der Stadt, das **Moods** (s. S. 37), und das **Restaurant La Salle** (s. S. 26) ansässig. Im La Salle, das hinter Glaswänden Platz für rund 200 Gäste bietet und an dessen Decke ein riesiger Kristallkronleuchter hängt, treffen sich aber nicht nur Jazzklubbesucher oder das Theaterpublikum, hier kommt man auch hin, um gesehen zu werden. Wer etwas essen will, setzt sich ins Restaurant, alle anderen amüsieren sich auch an der Bar bei einem erlesenen Wein oder nehmen an der über 8 m langen Tafel Platz, an der Kleinigkeiten serviert werden.

› Schiffbaustr. 6, www.schauspielhaus.ch, Tram 4, Station: Schiffbau

41 Turbinenplatz ★ [I3]

Das ehemalige Industriegelände ist mit rund 14.000 m² der größte öffentliche Platz der Stadt. Um an die industrielle Vergangenheit des Platzes zu erinnern, entschieden sich die Planer bei der Platzgestaltung für Beton als Bodenbelag, da die meisten Industrieareale aus diesem Material bestehen. Es ist aber nicht der Boden, der den Turbinenplatz so anziehend macht, sondern die sich auf dem Platz verteilenden Birken und Bänke, die das Areal zu einem kleinen **Erholungsraum inmitten des pulsierenden Viertels** machen.

Besonders stimmungsvoll wird es hier, wenn der Abend anbricht. Dann wird der Platz durch ein **raffiniertes Lichtdesign** beleuchtet: Die Straßen erstrahlen in dunklem Blau, während Bodenstrahler die Birken gelb und blau färben.

› Tram 4, Station: Technopark

KLEINE PAUSE

139 [H3] **Angkor,** Giessereistr. 18, www.restaurant-angkor.ch, Tel. 043 2052888, Mo.–Sa. 11.30–23 Uhr, So. 18–23 Uhr, Tram 4, Station: Technopark. Das Angkor verzaubert mit seiner atemberaubend schönen asiatischen Raumästhetik. Wer will, nimmt hier auf einer Insel Platz und wird umschwommen von dahingleitenden Koi-Karpfen. Doch nicht nur die Ausstattung ist eindrucksvoll, auch die südostasiatische Küche ist sehr empfehlenswert.

140 [I3] **sphères – bar, buch & bühne,** Hardturmstr. 66, www.spheres.cc, Mo.–Fr. 8–24 Uhr, Sa., So. 9.30–19.30 Uhr, Tram 4, Station: Förrlibuckstr. Das sphères ist ein herrlich schnörkelloser Buchladen, in dem eine Bühne genauso integriert ist wie ein Café bzw. eine Bar. Hier gibt es kleine Gerichte, die man im Sommer auch im Flussgarten genießen kann. Die kunterbunt zusammengewürfelten Möbel im Außenbereich hat der Secondhandmöbelladen Bogen 33 teilweise zur Verfügung gestellt und deshalb können sie erworben werden.

Enge und Wollishofen

Die Quartiere Enge und Wollishofen liegen für die meisten Touristen im toten Winkel eines Zürichbesuchs, bieten doch die Gassen und Plätze in der Altstadt links und rechts der Limmat so viel an Sehens- und Erlebenswertem, dass viele Besucher diese hübsche und stille Ecke der Stadt nicht kennenlernen. Spätestens bei der zweiten Reise nach Zürich sollte man sich den reizvollen Südosten der Stadt jedoch ansehen.

Im 19. Jh. waren diese Quartiere beliebt bei betuchten Unternehmern, wovon etliche Anwesen, Bauten und auch die verschiedenen Parkanlagen noch heute zeugen. Es ist eine **angenehme und ruhige Wohngegend** geblieben, alles Schrille und auch ausufernde Shoppingmöglichkeiten gibt es in Enge und Wollishofen nicht – ein ideales Terrain z. B. für einen inspirierenden Sonntag.

Aus der Zürcher Innenstadt führt der breite General-Guisan-Quai in diese Gegend. Diese stark befahrene Achse ist benannt nach einer der bedeutendsten Schweizer Persönlichkeiten des vergangenen Jahrhunderts, dem charismatischen **General Henri Guisan.** Unter dessen Führung behielten sowohl die Schweizer Armee wie auch die Bevölkerung des Landes den nötigen Widerstands- und Einheitswillen, um den 2. Weltkrieg weitgehend schadlos zu überstehen.

42 Tonhalle Zürich ★★★ [L8]

Was das Schauspielhaus fürs Theater und das Kunsthaus für Malerei und Bildhauerei, ist für die klassische Musik die Tonhalle Zürich – die erste Adresse für einen Konzertgenuss auf höchstem künstlerischen Niveau.

Von außen vermutet man in dem nüchternen Zweckbau nicht die Pracht, die sich innen offenbart: **Zwei eindrucksvolle Konzertsäle,** die, aus dem späten 19. Jh. stammend, hier integriert wurden und Aufführungs-

Ferienstimmung am Zürichsee

048zu Abb.: tk

stätte der Konzerte des Tonhalle-Orchesters sind. Neben den hiesigen Darbietungen bezaubert das **Tonhalle-Orchester Zürich** mit Aufführungen in ganz Europa und Übersee und hat auch mit wegweisenden CD-Einspielungen unter der Leitung des Chefdirigenten David Zinman vielfach von sich reden gemacht (Orchesterwerke von Richard Strauss, Sinfonien Robert Schumanns und die Werke Ludwig van Beethovens). Auch **legendäre Dirigenten** der Musikgeschichte haben mit diesem Orchester gearbeitet: Karl Böhm und Wilhelm Furtwängler, Otto Klemperer, Bruno Walter und viele andere.

Mit seinem Gründungsjahr 1868 gilt das Tonhalle-Orchester als ältestes Schweizer Sinfonieorchester und sein Konzertsaal in der Claridenstrasse ist für viele Kenner **einer der besten Konzertsäle der Welt.**

› Claridenstrasse 7, Tel. 044 2063434, Fax 2063469, www.tonhalle-orchester.ch, Billettkasse: Mo.–Fr. 10–18 Uhr bzw. bis Konzertbeginn, Sa., So. 1½ Stunden vor Konzertbeginn, Tram 2, 5, 8, 9, 11, Station: Bürkliplatz

43 Belvoirpark ★★ [K10]

Zwischen der Alfred-Escher-Strasse und der Seestrasse gibt es eine wundervolle Gelegenheit, um sich zur Gottfried-Keller-Lektüre niederzulassen oder einfach auszuspannen: den weiten, terrassenartig angelegten Belvoirpark, einen **Höhepunkt der Landschaftskunst** in Zürich.

Dieser Park ist **untrennbar mit der berühmten Unternehmerfamilie Escher verbunden,** die sich 1831 auf dem Gelände niederließ und darauf eine klassizistische Villa errichtete. Heinrich Escher war der Hausherr und als solcher auch verantwortlich für die Bepflanzung des Parks mit exotischen Bäumen. Ab 1856 bewohnte Heinrichs Sohn Alfred, der große Industrie- und Finanzmagnat, das mondäne Domizil.

Seit 1901 ist die Anlage in Stadtbesitz und für die Öffentlichkeit zugänglich. Den **Glanz der Escher-Epoche** verspürt man in der Villa noch heute und dank dem hier untergebrachten Restaurant Belvoirpark (s. o.) kann man sich bei dieser kleinen Zeitreise auch noch mit französisch-schweizerischen Gerichten verwöhnen lassen. Besonders verlockend ist dieser Platz, der auch eine Hotelfachschule beherbergt, im Sommer, wenn man auf der Terrasse oder im Gartenbistro Platz nehmen und das herrschaftliche Panorama auf sich wirken lassen kann.

› Tram 7, Station: Brunaustrasse

KLEINE PAUSE

141 [K10] **Restaurant Belvoirpark,** Seestr. 125, www.belvoirpark.ch, Tel. 044 2868844, Di.–Sa. 8–24 Uhr. Feine Sandwiches auch zum Mitnehmen oder täglich wechselnde Spezialitäten der französisch-schweizerischen Küche werden von den Studenten der Hotelfachschule zubereitet und gereicht. Bei schönem Wetter sitzt man draußen und kann bei einem Eiskaffee den schönen Baumbestand genießen.

44 Rieterpark ★★ [K10]

Auf der gegenüberliegenden Straßenseite vom Belvoirpark existiert mit dem Rieterpark eine weitere Perle Zürcher Gartenkunst. Er zählt zu den größten Parks der Stadt und hat weitgehend die Gestalt, in der er im 19.

Jahrhundert angelegt wurde. Wie der Belvoirpark war auch der Rieterpark zunächst in Privatbesitz. 1857 ließ Otto Wesendonck eine spätklassizistische Villa auf dem Gelände errichten, die **Villa Wesendonck**, die heute das Museum Rietberg 45 beherbergt. Das umliegende Gelände entwarf der Kunstgärtner Theodor Froebel, der den Park zu einem **Juwel Zürcher Landschaftsgärten** gestaltete.

Richard Wagner, dem Otto Wesendonck Obdach in seinem Gästehaus gewährte, liebte diese prächtige Anlage und nutzte sie als Quelle der Inspiration. Auf dem Grundstück entstanden einige seiner großartigsten Werke, darunter „Tristan und Isolde" sowie die „Wesendonck-Lieder". Wagner, der ein Liebesverhältnis mit Mathilde Wesendonck, der Ehefrau seines Gönners einging, machte den Namen Wesendonck durch seine Werke unsterblich. Als Otto und Mathilde Wesendonck Zürich verließen, verkauften sie ihr Anwesen an die Industriellenfamilie Rieter, die dem Park ihren Namen gab und ihn erweiterte.

› Tram 7, Station: Brunaustrasse

45 Museum Rietberg ★★★ [K10]

Eine der eindrucksvollsten Museumsanlagen der Schweiz ist das Museum Rietberg, bestehend aus der spätklassizistischen Villa Wesendonck, der lauschigen Parkvilla Rieter und dem „Smaragd" genannten Erweiterungsbau. Diese Gebäude stehen auf dem malerischen Gelände des Rieterparks und bieten für Freunde der Weltkunst ein zugleich inspirierendes wie erholsames Erlebnis.

Der Hauptsitz des Museums Rietberg befindet sich seit 1952 in der Villa Wesendonck, einem kulturgeschichtlich bedeutsamen Anwesen. Hier nämlich weilte einst Richard Wagner als Gast von Otto und Mathilde Wesendonck. Der heutige Besucher findet in der Villa eine **erstklassige Sammlung von Kunstwerken aus Indien, Tibet, Lateinamerika und Ozeanien** vor, die der Wuppertaler Sammler Eduard von der Heydt Mitte des vergangenen Jahrhunderts der Stadt Zürich vermacht hat. Durch den **außergewöhnlichen Anbau** wurde die Ausstellungsfläche um rund 2500 m² vergrößert, wobei sich das gesamte neue Areal unter der Erde befindet. Dadurch wurden weder historischer Baubestand noch die Parkanlage angetastet, lediglich der gläserne Eingangspavillon des uneitlen Baus ist von außen sichtbar. Im Inneren – bis zu 12 m unter der Erde – nimmt man behutsam und ohne schrille Effekte Kontakt zu fremden Welten auf. Man hat bewusst und in der Tradition des Hauses auf alles verzichtet, was die Aura der präsentierten Meisterwerke in ihrer Wirkung beeinträchtigen könnte. Zu den herausragenden Werken zählen **frühe buddhistische**

KLEINE PAUSE

142 [K10] **Café Museum Rietberg**, Di.–So. 10–17 Uhr, Mi., Do. 10–20 Uhr. Im Wintergarten der Villa Wesendonck hat das Museum Rietberg ein nettes Café eingerichtet, in dem man sich gut und günstig stärken kann. Für unter 10 CHF gibt es wahlweise Sandwiches, Salate oder Birchermüesli. Kaffee, Tee, Bier und Wein stehen ebenfalls auf der Karte. Wie es sich für ein asiatisches Museum gehört, wird zudem Sushi angeboten. Auch Gäste, die das Museum nicht besuchen, sind hier willkommen.

Plastiken aus China aus dem 6. und 7. Jh. sowie **kostbare Holzskulpturen aus Westafrika**, die die Weltgeltung des Museums Rietberg mitbegründet haben. Die etwas abseits gelegene **Parkvilla Rieter** präsentiert indische Malerei sowie Kunst des Alten und des Neuen Orients. Neben den festen Sammlungen begeistert man im Museum Rietberg regelmäßig mit spektakulären Sonderausstellungen.

› Gablerstr. 15, www.rietberg.ch, Tel. 044 2063131, Di.–So. 10–17 Uhr, Mi., Do. 10–20 Uhr, Eintritt: Sonderausstellung plus Sammlung 18 CHF, erm. 14 CHF, Sammlung 14 CHF, erm. 12 CHF, Tram 7, Station: Museum Rietberg

Naherholung, wie man sie gern hat: der Uetliberg bietet eine tolle Aussicht

46 Uetliberg ★★ [D12]

Zu den besonderen Vorzügen Zürichs zählt seine Nähe zu vielen Natursehenswürdigkeiten, die sich in ihrer ganzen Pracht vom Uetliberg aus zeigen, dem Hausberg der Stadt.

In halbstündigem Takt fährt die S-Bahn 10 bzw. Uetlibergbahn vom Zürcher Hauptbahnhof zum Uetliberg. Von dort oben, 873 m über dem Meer, hat man einen **wundervollen Ausblick** über Zürich und den See sowie – je nach Wetter – die Glarner Alpen, im Norden und Nordwesten hin zeigen sich der Schwarzwald und die Vogesen, im Osten bisweilen das Massiv des Säntis. Archäologische Funde aus der Stein- und Bronzezeit belegen, dass das **Areal bereits seit Jahrtausenden besiedelt** und einst von Wehranlagen, Schutzwällen und Burgen geprägt war.

050zu Abb.: tk

Die touristische Erschließung begann im 19. Jh. mit der Eröffnung von gastronomischen Betrieben und der Inbetriebnahme der **Uetlibergbahn** (1875) auf dem Höhenzug. Ein bequemer Spazierweg führt den Besucher in knapp zehn Minuten von der Bergstation zu den Gipfelanlagen des Uetlibergs.

Die gute Erreichbarkeit, der grandiose Ausblick und das gastronomische Angebot führen dazu, dass man auf dem Uetliberg nur selten alleine ist. Zu allen Jahres- und fast allen Tageszeiten sind in dem beliebten Naherholungsgebiet Spaziergänger oder Wanderer, Mountainbiker oder Jogger unterwegs.

Auch im Winter ist der Uetliberg beliebt, weil man oben Schlitten ausleihen kann und von der Bergstation ein rund drei Kilometer langer „Schlittelweg" hinab ins Tal führt.

› S-Bahn: 10 (Uetlibergbahn), Station: Uetliberg (Achtung: außerhalb des Innenstadt- bzw. Tageskartentarifs! Mit der ZürichCard kann die Strecke genutzt werden.). Die Alternative zur gemütlichen Bahnfahrt ist selbstverständlich der sportliche Aufstieg zu Fuß, beispielsweise vom Schützenhaus Albisgüetli aus (Endstation Tram 13). Zu überwinden sind rund 400 Höhenmeter. Festes Schuhwerk und wetterfeste Kleidung können auch an einer vergleichsweise niedrigen Erhebung wie dem Uetliberg nicht schaden – und erhöhen das Ausflugsvergnügen.

Wer ganz hoch will, darf keine Treppen scheuen – auf dem Gipfel des Uetlibergs

Praktische Reisetipps

051zu Abb.: tk

An- und Rückreise

Mit dem Flugzeug

Zürich besitzt einen internationalen Flughafen, der etwa 11 km nördlich vom Stadtzentrum entfernt **im Stadtteil Kloten** liegt. Lufthansa und SWISS fliegen täglich von verschiedenen deutschen und österreichischen Flughäfen die Stadt an. Im Segment der Billigflieger steuern Air Berlin und Germanwings den Flughafen Zürich an.

Vom Flughafen aus verkehren in viertelstündlichen Abständen **Züge zum Zürcher Hauptbahnhof** (Preis: 6,40 CHF). Die Fahrtzeit beträgt ca. 10 Minuten, der Bahnhof befindet sich direkt unter dem Flughafen.

Verschiedene Hotels rund um den Flughafen und in der Innenstadt bieten ihren Gästen zudem eigene **Busservices** an. In der Regel warten diese Busse an den Ausgängen zwischen der Ankunft 1 und 2. **Mit dem Taxi** ist die Innenstadt in rund 20 Minuten zu erreichen. Die Taxistände finden sich direkt bei den Ausgängen der Ankunft 1 und 2. Eine Fahrt vom Flughafen in die Zürcher City kostet etwa 60 CHF (ca. 50 €).

◁ Vorseite: Zürich ist ein El Dorado für Wasserratten

Mit dem Auto

Zürich liegt am Knotenpunkt dreier Autobahnen (A1, A3 und A4), die Stadt ist deshalb **mit dem Auto sehr gut zu erreichen.** Je nachdem, aus welcher Richtung man sich der Stadt nähert, kommen verschiedene Autobahnen für die Anreise in Frage: Wer aus Bayern anreist, fährt über die A96, aus anderen deutschen Regionen gelangt man über die Autobahnen A5 oder A81 in die Schweiz. Innerhalb der Schweiz führen schließlich die Autobahnen 1 und 3 Richtung Zürich.

Wer die grün beschilderten Autobahnen und autobahnähnliche Straßen in der Schweiz nutzen will, benötigt dafür eine Maut-Plakette, die sogenannte **Vignette.** Sie ist für 33 € an der Schweizer Grenze, an Tankstellen, in allen Schweizer Postämtern, an Bahnhöfen oder im Voraus bei Automobilklubs wie dem ADAC oder bei Schweiz Tourismus (s. S. 108) erhältlich.

052zu Abb.: tk

Mit dem Zug

Aus Deutschland und Österreich fahren im Ein- bis Zweistundentakt **ICE-/IC-Züge nach Zürich.** Informationen über die vielfältigen Angebote, Fahrpläne usw. erhält man über die Auskunft der Deutschen Bahn unter Tel. 0180 6996633, automatische Fahrplanauskünfte unter Tel. 0800 1507090 (kostenlos) bzw. Tel. 01805 221100 mit dem Handy. Online informiert die Website der Deutschen Bahn (www.bahn.de). Die Österreichischen Bundesbahnen informieren im Internet unter www.oebb.at und über das Callcenter Tel. 05 1717 über Zugverbindungen und Tickets. Infos zu den Schweizerischen Bundesbahnen findet man auf www.sbb.ch.

⌃ *Der Zürcher Bahnhof – einer der schönsten Europas*

‹ *Zürich ist der wichtigste Verkehrsknotenpunkt der Schweiz*

Autofahren

Verkehrssituation

Die Anreise mit dem Auto nach Zürich ist grundsätzlich unproblematisch. Problematisch wird es erst dann, wenn man sich der Innenstadt nähert, denn das **Zentrum** der Stadt ist **für den Autoverkehr weitgehend gesperrt.** Entsprechend schwierig kann es für Ortsunkundige werden, sich durch das Labyrinth der zum Teil gesperrten oder beschränkt zugänglichen Straßen zu manövrieren. Während der Rushhour kommt es stellenweise zu einem hohen Verkehrsaufkommen und damit zu Staus und schleppendem Verkehr, sodass die Geduld der Autofahrer bisweilen auf eine harte Probe gestellt wird.

Parken

Park-and-Ride-Parkplätze befinden sich in den Randgebieten der Stadt, so bspw. am SBB-Bahnhof Kloten, am SBB-Bahnhof Glattburg, an der

Station ZH-Stettbach oder am Bahnhof ZH-Altstetten. Ein detaillierter Plan aller Parkplätze der Stadt ist im Tourismusbüro im Hbf. erhältlich.

Wer sein Auto in eines der **Parkhäuser** stellen will, orientiert sich am besten am Parkleitsystem, das an zahlreichen Stellen in der Stadt die Anzahl freier Parkplätze in den Parkhäusern anzeigt. Die Gebühren betragen ca. 40 CHF (25 €) pro Tag, werktags ca. 3 CHF für eine Stunde, am Wochenende und nachts ca. 1 CHF pro Stunde.

Barrierefreies Reisen

Mobility International Schweiz, kurz MIS genannt, ist eine Reisefachstelle für Menschen mit Behinderung. Der Verein stellt Informationen für verschiedene Behinderungsarten zusammen und veröffentlicht sie in Reise-, Städte- und Regionenführern, die sowohl im Internet veröffentlicht sind als auch online bestellt werden können.

› **Mobility International Schweiz (MIS),** Rötzmattweg 51, 4600 Olten, Tel. 062 2126740, www.mis-ch.ch, Bürozeiten: Mo.-Fr. 8.30-12 u. 13.15-16.30 Uhr

Der **Flughafen** in Zürich ist **behindertengerecht ausgestattet.** Überdies steht Passagieren mit Behinderung der Betreuungsdienst „Careport" kostenlos zur Verfügung. Die Buchung des Services sollte mindestens 48 Stunden vor Abflug erfolgen.

› Betreuungsdienst Careport, Tel. 043 8150903, www.careport.ch

Auf Wunsch können auch Bahnreisende mit einer Behinderung von einem Assistenten betreut werden. Diesen Dienst kann man beim **Call Center Handicap der Bahn** anfordern (Anmeldung mindestens eine Stunde im Voraus). **Sehbehinderte Menschen** können unter den u.g. Nummern auch Auskünfte erfragen, u. a. zu den Abfahrtszeiten der Züge vom Hauptbahnhof aus und zu den S-Bahn-Verbindungen.

› **Call Center Handicap für Bahnreisende,** Tel. 0041 (0) 5122578440 (aus dem Ausland) oder Tel. 0800007102 (6-22 Uhr, innerhalb der Schweiz)

Ein Teil der **Trams und Busse** ist mittlerweile mit einem rollstuhlgerechten Ein- und Ausstieg, einem sogenannten **Niederflureinstieg,** ausgestattet. Zusätzlich finden sich zwei **Transportdienste für Behinderte** in der Stadt. Eine Anmeldung ist empfehlenswert:

› **BTZ Behinderten-Transporte Zürich,** Badenerstr. 627, Tel. 044 4442211, www.btz.ch/bestellen

› **Tixi Transportdienst für Behinderte,** Mühlezelgstrasse 15, Tel. 044 4041380, www.tixi.ch

Diplomatische Vertretungen

In der Schweiz

•143 [P9] **Konsulat der Bundesrepublik Deutschland in Zürich,** Witikonerstrasse 15, 8032 Zürich, www.honorarkonsul-zuerich.de, Tel. 044 2017222, Fax 044 2017229, Mo., Di., Do., Fr. 9-12 Uhr, Mi. 8-12 Uhr u. 13-16 Uhr

› **Botschaft der Bundesrepublik Deutschland in Bern,** Postfach 250, CH-3000 Bern 15, Tel. 031 3594111, Fax 031 3594444, www.bern.diplo.de

› **Österreichische Botschaft in Bern,** Kirchenfeldstr. 77-79, CH-3005 Bern, Tel. 031 3565252, Fax 031 3515664, www.bmeia.gv.at/botschaft/bern.html

In Deutschland und Österreich

- **Schweizerische Botschaft in Deutschland,** Otto-von-Bismarck-Allee 4a, 10557 Berlin, Tel. 030 3904000, Fax 030 3911030, www.botschaft-schweiz.de
- **Schweizerische Botschaft in Österreich,** Kärntner Ring 12, 1010 Wien, Tel. 0043 179505, Fax 0043 179521, www.eda.admin.ch/wien

Ein- und Ausreisebestimmungen

Reisedokumente

Für EU-Bürger genügt zur Einreise in die Schweiz der **Personalausweis oder der Reisepass.** Für mitreisende Kinder muss ein eigener Kinderreisepass mit biometriefähigem Passbild vorgelegt werden (Stand der Ein- und Ausreisebestimmungen: Anfang 2014).

Wer sich länger in der Schweiz oder in Zürich aufhalten will, sollte sich bei den konsularischen Vertretungen erkundigen.

Autofahrer müssen ihren nationalen Führerschein und den Fahrzeugschein mit sich führen. Empfehlenswert ist auch die Internationale Grüne Versicherungskarte. Für die Einreise mit Hunden, Katzen oder Frettchen ist der EU-Heimtierausweis zwingend erforderlich.

Einfuhr in die Schweiz

Bei der Einreise in die Schweiz ist der **Reisebedarf für den persönlichen Gebrauch** grundsätzlich zollfrei, muss aber wieder ausgeführt werden. Ansonsten gelten folgende Ein- und Ausfuhrbeschränkungen:

- **Alkohol:** 2 l Wein oder andere alkoholische Getränke bis 15 Vol.-% Alkoholgehalt, 1 l Spirituosen über 15 Vol.-% Alkoholgehalt
- **Tabak:** 200 Zigaretten oder 50 Zigarren oder 250 g Tabak
- **Wertfreigrenze:** Waren bis zu einem Wert von 300 CHF dürfen zollfrei eingeführt werden. Übersteigt die eingeführte Menge den Grenzwert, wird die Ware abgabepflichtig.
- **Waffen:** Waffen oder Waffenbestandteile, aber auch Munition und Munitionsbestandteile müssen beim Zollamt angemeldet werden.
- **Auskünfte** zu den Zollbestimmungen erteilt die Oberzolldirektion, 3003 Bern, www.ezv.admin.ch, Tel. 031 3226511.

Ausfuhr aus der Schweiz in die EU

- **Alkohol:** 1 l Spirituosen über 22 Vol.-% Alkoholgehalt oder 2 l Spirituosen, Aperitifs oder ähnliche Getränke mit 22 Vol.-% oder weniger Alkoholgehalt oder 2 l Schaumweine oder Likörweine oder eine anteilige Zusammenstellung dieser Waren und 2 l nicht-schäumende Weine.
- **Tabak:** 200 Zigaretten oder 100 Zigarillos oder 50 Zigarren oder 250 g Tabak oder eine anteilige Zusammenstellung dieser Waren
- **Parfums:** 50 g, Eau de Toilette 0,25 l
- **Andere Waren:** Waren bis zu einem Wert von 175 € dürfen zollfrei ausgeführt werden. Ausgenommen sind Goldlegierungen und Goldplattierungen in unbearbeitetem Zustand oder als Halbfabrikat.

Elektrizität

Der Wechselstrom in Zürich beträgt wie in Deutschland und Österreich 220 Volt. Dennoch sollte man sich einen **Adapter** für die Steckdosen mit-

Zürich preiswert

Zürich ist **kein billiges Pflaster.** Hier leben viele gutbetuchte Menschen, deren Bedürfnisse und Nachfrage durch die entsprechenden Angebote in Geschäften, Restaurants und Veranstaltungen befriedigt werden.

Aber es geht auch anders. Reisende und Besucher müssen nicht zwangsläufig ein Vermögen investieren, um in Zürich eine schöne und erlebnisreiche Zeit zu verbringen. Wer auf den Euro achten möchte oder muss, dem bieten sich sogar manche Möglichkeiten, die gratis zu haben sind. Mit den bezaubernden Altstadtgassen (Augustinergasse, Lindenhof), den prächtigen Kirchen (Grossmünster, Fraumünster), den zahlreichen Parkanlagen und Seepromenaden gibt es **die größten Sehenswürdigkeiten für jeden Stadtflaneur umsonst.**

Zürich ist mit seinem historischen Stadtbild eine Attraktion an sich und gerade in der empfehlenswerten Reisezeit zwischen Mai und Oktober kann man hier, bei normalerweise angenehmen Temperaturen, **den ganzen Tag draußen verbringen.** Den Museumsbesuch könnte ein Spaziergang entlang der Kunstmeile am rechten Seeufer bestens ersetzen, statt der edlen Läden auf der Bahnhofstrasse können Secondhandgeschäfte, Antiquariate und Flohmärkte aufgesucht werden und im Niederdorf sowie auf der quirligen Langstrasse [K4/5] findet man eine Unmenge an Möglichkeiten, sich zu realistischen Preisen zu verköstigen. Neben exotischen Imbissen und Fast-Food-Ketten bieten auch die **Zürcher Kaufhäuser** (s. S. 15) in ihren Restaurants – zumindest mittags – eine **gute Alternative zum Gaststättenbesuch,** der in der Limmatstadt ansonsten nicht selten kostspielig ist. Zu einem optimalen Preis-Leistungs-Verhältnis erhält man an den Buffettheken der Kaufhäuser alles, was das Herz begehrt, frisch zubereitet und in sehr guter Qualität – kein Wunder, dass auch viele Zürcher selbst dort Stammgäste sind. Da sich die Restaurants meist in den obersten Etagen befinden, gibt es einen herrlichen Blick über die Stadt gratis dazu. Wer sich mit eigenen Lunchpaketen selbst verpflegt, kommt natürlich nochmals günstiger weg, und dank zahlloser **Trinkwasserbrunnen** im Stadtzentrum können Zürichbesucher auch überall ihren Durst löschen – gratis. In der Zeit zwischen Mai und September bieten sich zudem die herrlichen **Flussbäder** zur Abkühlung bei sommerlichen Temperaturen an. Einige von ihnen können kostenlos genutzt werden (Männerbad im Schanzengraben, Oberer und Unterer Letten, s. S. 119).

Ebenfalls kostenlos ist selbstverständlich der Besuch auf einem der **schönen und interessanten Friedhöfe** der Stadt. Wie in Paris oder Berlin sind Zürichs letzte Ruhestätten kulturgeschichtliche Orte, an denen viele berühmte Persönlichkeiten beigesetzt wurden und teilweise mit eindrucksvollen Denkmälern und Gräbern geehrt werden. Besonders sehenswert sind der Friedhof Fluntern 33 (mit den Grabstätten von J. Joyce, E. Canetti und T. Giehse) und der Friedhof Sihlfeld [G6/7] (mit den Grabstätten von G. Keller, A. Bebel, H. Dunant).

Für kleines Geld, nämlich 2,60 CHF, gibts eine öffentliche **Stadtrundfahrt.**

059zu Abb.: tk

So wenig kostet ein Tramticket und mit den Linien 2, 7 oder 11 geht es quer durch die schöne Stadt. Unser Favorit ist die ***Tramlinie 11,*** *die Zürich von Süd nach Nord durchstreift und auf ihrem Weg den Bahnhof Stadelhofen, Bellevue und Bürkliplatz passiert, ehe sie vorbei am Paradeplatz die Bahnhofstrasse hinaufrollt, die Limmat ein zweites Mal überquert und weiter bis nach Oerlikon bzw. zur Messe fährt. Ein preiswertes Vergnügen, bei dem man in aller Ruhe die schönen Bauten, aber auch all die ein- und aussteigenden Menschen beobachten oder mit anderen Fahrgästen ins Gespräch kommen kann. Wer an einem Sonntag unterwegs ist und auf halbem Wege aussteigt (Bürkliplatz), kann im* ***Biergarten vom Bauschänzli,*** *einer kleinen, in die Limmat ragenden Festungsmauer, zwischen 11 und 13 Uhr kostenlosen Jazzdarbietungen und anderen Konzerten lauschen (s. S. 64). Auch am späteren Nachmittag und Abend wird hier, wie an vielen anderen Orten, für die Gäste* ***Livemusik*** *gespielt.*

Bei schlechtem Wetter bietet sich für Sparfüchse der kostenlose Blick in die spannenden ***Sammlungen der Zürcher Universität*** *(z. B. Graphische Sammlung, s. S. 40) an. Aber auch die weltberühmten Museen der Stadt haben in der Regel* ***absolut erträgliche Eintrittspreise,*** *auch wenn manchen Eurozonenbewohner die hohen Zahlen an der Kasse zunächst abschrecken: Nicht vergessen, es sind Schweizer Franken und der Eurobetrag liegt je nach Wechselkurs etwas darunter.*

⌃ Kostenlose Durstlöscher: die zahllosen Trinkbrunnen in Zürich

nehmen, weil Schukostecker nicht in Schweizer Steckdosen passen. Für die Schweiz benötigt man einen Stecker-Typ J.

Geldfragen

Währung

Die Währung der Schweiz ist der **Franken**, der als relativ stabil gilt. Aufgrund einer anhaltenden Überbewertung des Schweizer Franken hat die Schweizerische Nationalbank im September 2011 einen Mindestkurs von 1 € = 1,20 CHF festgelegt. Bei Redaktionsschluss (Frühjahr 2014) galt folgender **Wechselkurs:**

- 1 CHF = 0,81 €
- 1 € = 1,23 CHF

Franken erhält man in Scheinen zu 1000, 200, 100, 50, 20 und 10 CHF. Daneben gibt es Münzen zu 5, 2, 1 und ½ CHF und zu 20, 10 und 5 Rappen (100 Rappen = 1 CHF).

Der Schweizer Franken – eine Währung fest wie Granit

Informationsquellen

Infostellen zu Hause

Schweiz Tourismus

In Deutschland ist die Schweiz mit einer Touristeninformation in Frankfurt am Main vertreten. „Schweiz Tourismus" nennt sich die Anlaufstelle, die auch aktuelle Informationen zu Zürich bereithält. Die diversen Broschüren und Unterkunftsverzeichnisse sind identisch mit denen von Zürich Tourismus (s. u.).

- **Schweiz Tourismus – Landesvertretung für Deutschland,** 60311 Frankfurt, Rossmarkt 23, www.myswitzerland.com, Tel. 00800 10020029, Fax 00800 10020031
- **Schweiz Tourismus – Landesvertretung für Österreich,** 1010 Wien/Innere Stadt, Neuer Markt 4, Tel. 00800 10020029, www.myswitzerland.com

Infostellen vor Ort

Touristische Informationen

Eine der ersten Anlaufstellen, wenn es um Informationen jeglicher Art rund um Zürich geht, ist **Zürich Tourismus.**

ZürichCard

Die ZürichCard ist ideal für all jene, die viel in Zürich unternehmen und dabei auch noch sparen wollen. Sie bietet **Gratiseintritt in die meisten Museen** in Zürich und der Umgebung sowie eine Vielzahl weiterer Kultur- und Freizeitattraktionen. Außerdem erlaubt die ZürichCard **freie Fahrt mit Bahn, Bus, Tram und Schiff** in den ZVV-Zonen 110, 111, 121, 140, 150, 154, 155. Im Wesentlichen beinhalten diese Zonen die komplette Stadt Zürich, die Fahrt zum Flughafen sowie einen Ausflug auf den Uetliberg und eine kleine Rundfahrt mit dem Schiff auf dem See und auf der Limmat.

Das **Leistungsspektrum** der ZürichCard ist aufgrund der beteiligten Partner recht groß: Es reicht von Museen über Zoos bis hin zu Restaurants und zur Autovermietung. Der ZürichCard-Besitzer erhält entweder freien Eintritt oder Ermäßigungen und Zusatzleistungen. Zu den Freizeit- und Kulturattraktionen der Karte gehören u. a. so große Zürichhighlights wie die Kunsthalle Zürich (s. S. 40), der Zoo Zürich 34 oder das Museum Rietberg 45. Auf der Website von Zürich Tourismus (www.zuerich.com) sind alle Attraktionen aufgelistet, die mit der Karte besucht werden können.

Die ZürichCard ist für eine **Dauer von 24 Stunden oder 72 Stunden** erhältlich. Bezogen werden kann sie u. a. im Flughafen, an Bahnhöfen, an Hotelrezeptionen und natürlich bei Zürich Tourismus im Hauptbahnhof (s. S. 109). Wichtig: Das Ticket muss vor Gebrauch an den Billettautomaten des öffentlichen Nahverkehrs entwertet werden.

Die **Kosten** für eine 24-Stunden-Karte betragen für Erwachsene 24 CHF und für Kinder und Jugendliche (6–16 Jahre) 16 CHF. Für eine 72-Stunden-Karte müssen Erwachsene 48 CHF und Kinder und Jugendliche 32 CHF zahlen. Großes Plus für junge Familien: Bis zum Alter von 5 Jahren haben Kinder in Begleitung eines erwachsenen ZürichCard-Besitzers freien Eintritt.

- ℹ**144** [L6] **Zürich Tourismus/Tourist Service,** im Hauptbahnhof, Tel. 044 2154000, www.zuerich.com, Nov.–April Mo.–Sa. 8.30–19 Uhr, So. 9–18 Uhr, Mai–Okt. Mo.–Sa. 8–20.30 Uhr, So. 8.30–18.30 Uhr
- › **Call Center von Zürich Tourismus:** allgemeine Informationen Tel. 044 2154000, Hotelreservationen Tel. 044 2154040, Leitungen sind geöffnet Mo.–Fr. 8–19 Uhr, Sa., So., Feiertage 8–12 Uhr u. 13–17 Uhr, www.zuerich.com/hotel

Veranstaltungs- und Kartenservice

- › **Ticketcorner,** www.ticketcorner.ch. Auf der Website erhält man Tickets für (fast) jeden Anlass in Zürich und der gesamten Schweiz.
- › Auf der Website von Zürich Tourismus (www.zuerich.com) gibt es unter der Rubrik „Veranstaltungen" auch einen **Online-Veranstaltungskalender.**

Zürich im Internet

Wer sich gerne online über Zürich informieren möchte, findet im Internet ein **riesiges Angebot an guten Websites.** Für den digitalen Einstieg empfehlen sich natürlich insbesondere die Websites von Zürich Tourismus und Schweiz Tourismus (s. u.).

An dieser Stelle können wir nur eine kleine Auswahl besonders informativer Webadressen geben, die das Internet über Zürich bereithält.

Informationsquellen

- **www.zuerich.com** – Offizielle Website von Zürich Tourismus mit aktuellen Hinweisen und vielen Informationen und Fakten rund um die Stadt am Wasser mit all ihren Sehenswürdigkeiten.
- **www.myswitzerland.com** – Preisgekrönte Website von Schweiz Tourismus mit vielen Infos, Artikeln und Links zum kleinen Nachbarland im Allgemeinen und natürlich zur Region Zürich im Speziellen.
- **www.stadt-zuerich.ch** – Die offizielle Website der Stadt hält viele Infos zu aktuellen Anlässen bereit. Wer länger in Zürich weilt oder ganz in die Stadt gezogen ist, erfährt hier alles Wissenswerte.
- **www.zueritipp.ch** – Der Veranstaltungskalender, der jeden Donnerstag dem Tages-Anzeiger beliegt, ist auch im Internet mit vielen Infos vertreten.
- **www.usgang.ch** – Diese Website bietet reichhaltige Informationen zum Zürcher Nachtleben.
- **www.20min.ch** – Die Gratiszeitung 20 Minuten betreibt eine Website, auf der man Infos zu vielen Veranstaltungen in und um Zürich bekommt.

App-Empfehlungen zu Zürich

- **ZVV Fahrplan:** Die offizielle App des Zürcher Verkehrsverbundes mit Fahrplänen, Ticketinformationen, Liniennetz und Tarifzonenplänen, Benachrichtigungen über Verspätungen, Gleisänderungen usw. (kostenlos für Android und iOS).
- **ZüriPlan:** Mit dieser App trägt man den Stadtplan Zürichs digital bei sich. Die App erstellt zudem Routenvorschläge für Fußgänger und Radfahrer (kostenlos für Android und iOS).
- **ZüriTipp:** Was geht ab in Zürich? Welcher Club spielt welche Musik, was läuft in den Kinos? Die App bietet einen Überblick über Veranstaltungen in und rund um Zürich (kostenlos für iOS).
- **ShopVille – RailCity Zürich:** Grenzenloses Shoppen an 365 Tagen im Jahr, das bietet das Einkaufszentrum Shopville im Hauptbahnhof. Die App informiert über das vielfältige Shoppingangebot und gibt Infos zu den über 100 Geschäften, inklusive Lageplan (kostenlos für iOS).
- **Zoo Zürich:** Wo war doch gleich das Tigergehege? Und wann werden die Pinguine gefüttert? Die offizielle App des Zoo Zürich zeigt den schnellsten Weg zum Lieblingstier, erstellt Routenvorschläge und gibt außerdem Infos über Tiere und Ausstellungen (kostenlos für Android und iOS).
- **Flughafen Zürich / ZRH:** Die App des Flughafens Zürich bietet umfassende Informationen rund um den Airport; alle An- und Abflüge, Shopping- und Gastroführer, Spezialbetreuung usw. (kostenlos für iOS).
- **Swiss Squares:** Die App von SIA (Schweizerischer Ingenieur- und Architektenverein) erlaubt es, 30 Zürcher Plätze mit Augmented Reality zu entdecken. So ist es möglich, die aktuelle Situation mit vergangenen Zeiten, zukünftigen Platzgestaltungen oder auch alternativen Planungen live zu vergleichen (kostenlos für iOS).

Aktuelle Publikationen

Die **Neue Zürcher Zeitung** ist ein journalistischer Genuss und bietet neben internationalen Themen einen Überblick über das Leben in Zürich.

Die Donnerstagsbeilage des **Tages-Anzeigers**, der **ZüriTipp**, liegt sogar in der Touristeninformation am Hauptbahnhof (s. S. 109) kostenlos aus – ein reichhaltiges Nachschlagewerk für alle aktuellen Events, Partys, das Kinoprogramm und vieles mehr in Zürich.

▷ So schön kann ein Kiosk sein

Unsere Literaturtipps

- Bauer, Ursula; Frischknecht, Jürg: **Zeitreisen. Unterwegs zu historischen Hotels der Schweiz,** Mattenbach. Für Liebhaber der „guten alten Zeit" und Schweizfans ein wahrer Schatz. Prachtvolle Fotografien und kundige Texte machen diesen Band zu einer Inspiration für die nächste Reise ins Alpenland.
- Morlang, Werner (Hg.): **Canetti in Zürich. Erinnerungen und Gespräche,** Nagel & Kimche. Der Literaturnobelpreisträger verbrachte seine Jugendjahre in Zürich und kehrte im Alter hierher zurück, wo er 1994 verstarb. Diese Textsammlung schildert den großen Schriftsteller aus der Sicht seiner Freunde, Weggefährten und Kollegen und eröffnet den Blick auf den Literatur- und Kulturbetrieb in Zürich im 20. Jh.
- Reihl, Bruno: **Der feine Unterschied. Ein Handbuch für Deutsche in der Schweiz,** Midas Management Verlag. Ein zugleich informativer wie unterhaltsamer Ratgeber, der zahlreiche Besonderheiten der Schweiz und ihrer Bewohner zusammenträgt und mit vielen Klischees aufräumt.
- Küng, Thomas: **Gebrauchsanweisung für die Schweiz,** Piper Taschenbuch. Wer auf launige Weise tiefer in die Schweizer Seele und die Geschichte des Landes eindringen möchte, ist mit diesem Titel aus der bekannten Reihe gut beraten.
- Walser, Robert: **Europas schneeige Pelzboa. Texte zur Schweiz,** Suhrkamp. Zu Lebzeiten kaum beachtet, zählt der Schweizer Robert Walser heute zu den großen Erzählern des frühen 20. Jahrhunderts. Hier macht der Leser in einer langen Reihe von brillanten Essays Bekanntschaft mit Walsers Heimatland.
- Reinhardt, Volker: **Die Geschichte der Schweiz. Von den Anfängen bis heute,** C.H.Beck. Wer sich über Geschichte, Politik und Kultur der Eidgenossenschaft gründlich informieren möchte, sollte dieses gut lesbare Standardwerk berücksichtigen. Der Historiker Reinhardt behält bei seiner Analyse der Schweizer Geschichte auch europäische Zusammenhänge stets im Blick.

Der Gratiszeitung **20 Minuten** kann man in Zürich eigentlich nicht entkommen, denn überall in der Stadt stehen die blauen Zeitungskästen und auch in den Trams und Bussen liegt sie aus. Die Zeitung enthält auch einen aktuellen Veranstaltungskalender inklusive Kinoprogramm. Jeden Freitag wird zusätzlich das Magazin **20 Minuten Friday** verteilt, in dem man einen umfassenden Überblick über alle Veranstaltungen des anstehenden Wochenendes bekommt.

Internet und Internetcafés

Wer im Internet seine Mails checken oder sich über dieses oder jenes informieren will, hat dazu fast in jeder besseren Unterkunft in Zürich die Möglichkeit. Wer eine Unterkunft ohne Internetstation oder WLAN erwischt hat und nach einem Internetcafé sucht, wird in Zürich immer fündig. Mit dem e-cafe urania gibt es sogar das **schweizweit erste Internetcafé** in Zürich, das bereits 1995 eröffnet wurde. Es liegt zentral an der Uraniastrasse.

@145 [L7] **e-cafe urania,** Uraniastr. 3, Tel. 044 2103311, www.cafe.ch, Mo.–Fr. 7–23 Uhr, Sa. 8–23 Uhr, So. 10–22 Uhr

Medizinische Versorgung

Für eine Reise in die Schweiz bzw. nach Zürich benötigt man keinen Auslandskrankenschein. In den Krankenhäusern und Notfallstationen von Zürich wird man in jedem Fall bestens versorgt, oftmals wird man sogar von einem deutschen Arzt behandelt.

Krankenhäuser

- 146 [L6] **Permanence Notfallpraxis,** im Hauptbahnhof, Bahnhofplatz 15, Tel. 044 2154444, www.permanence.ch, tgl. 7–23 Uhr, auch Notfälle ohne Voranmeldung
- 147 [N6] **UniversitätsSpital,** Rämistr. 100, Tel. 044 2551111
- 148 [F8] **Stadtspital Triemli,** Birmensdorferstr. 497, Tel. 044 4661111
- 149 [I1] **Stadtspital Waid,** Tiechestr. 99, Tel. 044 3662211
- 150 [O7] **Kinderspital Zürich,** Steinwiesstr. 75, Tel. 044 2667111

Apotheken

Wer in der Nacht eine diensthabende Apotheke in seiner Nähe sucht, kann die **Infonummer Tel. 111** wählen. Wie in Deutschland auch weisen aber alle Apotheken durch Aushänge an ihren Türen auf die Nachtapotheken hin. Eine Adressübersicht der Apotheken in Zürich findet sich auch im Internet unter:

› www.apo-zuerich.ch

- 151 [L6] **Amavita Apotheke Bahnhofplatz,** Bahnhofstrasse 108, Tel. 0588513265, www.amavita.ch
- 152 [M8] **Bellevue-Apotheke,** Theaterstrasse 14, Tel. 044 2666222, www.bellevue-apotheke.com
- 153 [O6] **Apotheke Kirche Fluntern,** Vorderberg 5, Tel. 044 2568844
- 154 [J5] **Paracelsus-Apotheke,** Langstrasse 122, Tel. 044 2402405

Im Zoo Zürich sind nicht nur die Tiere ein Erlebnis

054zu Abb.: tk

Mit Kindern unterwegs

In Zürich wird eine Städtereise auch für Kinder zum Erlebnis. Die Stadt an der Limmat ist sehr kinderfreundlich und lässt auch die Kleinsten auf ihre Kosten kommen. An vielen Orten werden die Interessen von Kindern berücksichtigt.

- **Zoo Zürich** 34: Ein absolutes Highlight für Kinder (und auch für Erwachsene) ist der Zürcher Zoo. Neben den artgerechten Tiergehegen und der beeindruckenden Masoala-Halle gibt es Wiesenflächen für Picknicke, ein Selbstbedienungsrestaurant mit Garten, Spielplätze und den Streichelzoo Zoolino.
- **Franz Carl Weber Kids Town:** In dem außergewöhnlich schönen Spielwarengeschäft dreht sich auf vier Etagen fast alles um die Jüngsten: Im Bistro können sich die Kleinsten ihre Pizza selbst belegen, direkt neben dem Eingang können die Knirpse in ein Drachenmaul klettern und durch den Schlund in die untere Etage rutschen. Außerdem gibt es das Betreuungsangebot Bim Bam Bino (s. S. 17).
- **Kinderbuchladen Zürich:** In der Kinderbuchhandlung im Oberdorf finden kleine Leseratten von Kinder- und Jugendbüchern über Bastelbücher und Rätselhefte bis hin zu Spielen und DVDs alles, was das Kinderherz begehrt (s. S. 18).

155 [K9] **Theater PurPur,** Grütlistr. 36, Tel. 044 2013151, www.theater-purpur.ch. Vorstellungen: jeden Mi. um 15 Uhr und einmal monatlich So. um 11 Uhr. Tram 5, 6, 7, Station: Bahnhof Enge. Im Theater PurPur spielen Kinder die Hauptrolle, ob auf der Bühne oder im Publikum.

156 [M6] **Zoologisches Museum der Universität Zürich,** Karl-Schmid-Str. 4, Tel. 044 6343838, www.zm.uzh.ch, Eintritt frei, Di.–Fr. 9–17 Uhr, Sa., So. 10–17 Uhr, Tram 6, 9, 10, Station: ETH. Das Museum ist ein Erlebnisort für Kinder ab 4 Jahren. Schon am Eingang grüßt ein lächelndes Faultier. Das Museum animiert zum Sehen, Hören und Tasten: An Mikroskoptischen kommt man Insekten so nah wie sonst nirgends. Auch Felle von Bären und Gemsen können gestreichelt und Laute von Fledermäusen und Walen kann gelauscht werden. Die Kinder werden auf diese Weise zu kleinen Entdeckern, Forschern und Wissenschaftlern und für die Tierwelt und den eigenen Lebensraum sensibilisiert.

Notfälle

Notruf

- **Ärztlicher Notfalldienst SOS:** Tel. 044 3604444, www.sos-aerzte.ch (rund um die Uhr erreichbar)
- **Polizei:** Tel. 117
- **Feuerwehr:** Tel. 118
- **Sanitätsnotruf:** Tel. 144
- **Notfallzentrale Ärztefon:** Tel. 044 4212121
- **SOS-Zahnärzte:** Tel. 044 2621111
- **Tierambulanz:** Tel. 0800 557010
- **Pannen-/Straßenhilfe TCS Patrouille:** Tel. 0800140140, www.tcs.ch/de/assistance/pannenhilfe/

Verlust und Diebstahl

Bei Verlust oder Diebstahl einer deutschen **Kredit-, Maestro- oder SIM-Karte** (Mobiltelefon) sollte man diese umgehend per Anruf beim **zentralen Sperr-Notruf** unter **Tel. 0049 116116** (aus dem Ausland gebührenpflichtig) sperren lassen (www.sperr-notruf.de).

Österreicher sollten vor der Reise bei der zuständigen Bank die für sie geltende Sperrnummer erfragen. Ansonsten sind die Notrufnummern meist auf der Rückseite von Karten vermerkt und man sollte sich diese vorab notieren.

Polizeidienststellen und Fundbüro

157 [L6] **Hauptwache der Polizei,** Bahnhofquai 3, Tel. 044 444117117

- **Polizeiposten Hauptbahnhof Zürich** 1, Museumstr. 1, 044 2472960 (tgl. 7–22 Uhr)
- **Polizeiposten Rathaus** 21, Limmatquai 61, Tel. 044 2472980 (Mo.–Fr. 7–17.30 Uhr)

•158 [L6] **Fundbüro,** Werdmühlestr. 10, Tel. 044 4122550, Mo.–Fr. 7.30–18.30 Uhr

Öffnungszeiten

Die **Ladenöffnungszeiten** in Zürich **ähneln jenen in Deutschland.** In der Woche dürfen die Geschäfte bis 20 Uhr öffnen – viele schließen aber trotzdem bereits um 18.30 Uhr. Die meisten Geschäfte sind in der Regel Mo.–Fr. 9–18.30 Uhr und Sa. 8–16 Uhr geöffnet.

Es gibt jedoch Ausnahmen. Im **Hauptbahnhof** 1 findet sich ein riesiges, unterirdisches Einkaufsparadies: **Shopville.** Die Läden in diesen „Katakomben" haben in der Woche mindestens bis um 21 Uhr und am Wochenende noch bis mindestens 20 Uhr geöffnet – Sonntage inbegriffen! Auch im **Bahnhof Stadelhofen** 25 schließen einige Läden nur, um ihre Regale aufzufüllen und feucht durchzuwischen. Von montags bis sonntags kann man in manchen Läden von 8 bis 20 Uhr stöbern. Auch im **Bahnhof Enge** [K9] haben einige Geschäfte sieben Tage die Woche 8–20 Uhr geöffnet. Allerdings sind beide Bahnhöfe – Stadelhofen wie Enge – überschaubar und die Anzahl der Geschäfte ist weit geringer als in Shopville.

Supermärkte haben die gleichen Öffnungszeiten (Mo.–Fr. 9–18.30 Uhr, Sa. 8–16 Uhr), es finden sich in Zürich aber immer wieder Supermärkte, die längere Öffnungszeiten aufweisen. Vor allem in den Bahnhöfen sind die Supermärkte die ganze Woche über von 8 bis 20 Uhr geöffnet.

› *Wenn es mal schnell gehen muss*

Banken haben andere Öffnungszeiten: In der Regel öffnen sie Mo.–Fr. in der Zeit zwischen 8.30 und 16.30 Uhr, samstags bleiben sie geschlossen. Manche Banken in der Innenstadt bieten ihren Kunden längere Öffnungszeiten an.

Post

Die Postämter sind in der Regel Mo.–Fr. 7.30–18.30 Uhr geöffnet. In den Außenbezirken kann es schon mal vorkommen, dass manche Ämter in der Mittagszeit geschlossen haben, in der Innenstadt haben die Filialen aber durchgehend geöffnet. Wer noch am späten Abend Briefmarken braucht, dem sei die Sihlpost in der Nähe des Hauptbahnhofs empfohlen.

✉**159** [K6] **Sihlpost,** Kasernenstr. 95/97, Mo.–Fr. 6.30–22.30 Uhr, Sa. 6.30–20 Uhr, So. 10–22.30 Uhr

✉**160** [L8] **Post Fraumünster,** Kappelergasse 1, Mo.–Fr. 7.30–18, Sa. 9–12 Uhr

Briefmarken werden nicht nur in Postämtern, sondern in der Regel auch in Souvenirläden und Kiosken verkauft – dort jedoch oft nur in Verbindung mit dem Kauf einer Postkarte.

Bei der **Frankierung** von Briefen und Postkarten muss man sich entscheiden, ob die Post schnell und teuer oder langsam und günstig ihr Ziel erreichen soll. Postsendungen, die möglichst schnell ankommen sollen, müssen mit einem Aufkleber „A Prioritaire" gekennzeichnet sein und kosten entsprechend etwas mehr **(A-Post)**. Wer es mit seiner Post nicht so eilig hat, dem sei die **B-Post** ans Herz gelegt. Postkarten und Briefe bis 100 g kosten innerhalb der Schweiz 0,85 CHF (B-Post) bzw. 1 CHF (A-Post), innerhalb Europas kosten Postkarten und Briefe bis 20g 1,30 CHF (Economy/B-Post) bzw. 1,40 CHF (Priority/A-Post). Nach Übersee zahlt man 1,60 CHF (B-Post) oder 1,90 CHF (A-Post).

Radfahren

Die umliegende Natur und die Nähe zu vielen Natursehenswürdigkeiten fordern Besucher geradezu dazu auf, sich Zürich und seine Umgebung auch mal auf zwei Rädern anzuschauen. Überwiegend flache und verkehrsarme Strecken findet man rund um den See und entlang der Flussläufe. An den Rändern von Zürich wird es dann hügelig, Ausflüge in diese Gegenden bieten sich eher für konditionsstarke Radfahrer an.

Wenn die Steigung selbst für erfahrene Biker zu anstrengend wird, kann man sich sein Rad auch „unter den Arm klemmen" und einfach mit der Tram, dem Schiff oder dem Zug weiterfahren. Hierfür bietet der Zürcher Verkehrsverbund extra „Velotageskarten" an.

Fahrradverleih

Am Hauptbahnhof, auf der Seite des Landesmuseums (14), vermietet der **größte Fahrradvermieter der Schweiz** „Rent a Bike" Fahrräder sowie -helme. Die Velovermietung betreibt ein nationales Vermietnetz und ist so gut wie an jedem größeren Bahnhof des Landes mit Leihstationen vertreten. Wer also eine größere Tour plant, den Rückweg aber lieber anders als mit zwei Rädern antreten will, gibt sein Bike einfach in einer anderen Stadt, Region oder Leihstation zurück. Selbstverständlich kann man auch einfach einen Tag lang durch Zürich fahren und das Rad wieder am Hauptbahnhof abgeben.

Die **Leihgebühr** für Countrybikes, Mountainbikes oder Kindervelos beträgt für einen halben Tag 27 CHF, Kinder bis 16 Jahre zahlen 22 CHF. Ein ganzer Tag kostet 35 CHF, für Kinder bis 16 Jahre 30 CHF. Wer das Rad an einer Station leihen und an einer anderen wieder abgeben will, bezahlt einen Aufpreis, der sich nach der Anzahl der ausgeliehenen Tage richtet.

- S161 [L5] **Rent a Bike**, Museumstr. 1 (am Hbf. Zürich), Mo.–Fr. 7.30–19.45 Uhr, Sa., So. 8–19.45 Uhr, www.rent-a-bike.ch

055zu Abb.: ©Zürich Tourismus/Martin Rütschi

Gratisverleih

Rad fahren kann man in Zürich sogar, ohne einen Rappen dafür zahlen zu müssen: Zum Nulltarif verleiht das **Sozialprojekt „Züri rollt"** täglich von 8–21.30 Uhr Fahrräder, Kinderräder, ja sogar Kinderroller, Skateboards und Kickboards – und das alles gratis. Man muss einfach einen gültigen Personalausweis und ein Pfand von 20 CHF hinterlegen und los gehts (Elektrovelos kosten 20 CHF pro Tag). Tagsüber ist der Verleih kostenlos, wer sein Velo auch über Nacht nutzen möchte, muss 10 CHF zahlen. Reservierungen sind nicht möglich.

S162 [L5] **Velogate am Hauptbahnhof,** Tel. 043 2883445, www.zuerirollt.ch, Ausleihzeiten: Hbf., Velostation Nord (Landesmuseum) tgl. 8–21.30 Uhr und Süd (Sihlpost): tgl. 8–19.30 Uhr. Weitere Standorte von Mai–Okt.: Globus City (Bahnhofstr.) und Bellevue (Utoquai) tgl. 9–21.30 Uhr, Bahnhof Enge (Tessinerplatz) Mo.–Fr. 10–21.30 Uhr, Sa., So. 9–21.30 Uhr. Viadukt (Josefstr.) Mo.–Fr. 11–21.30 Uhr, Sa., So. 9–21.30 Uhr.

Schwule und Lesben

Zürich ist nicht nur die größte Stadt der Schweiz, sondern auch die Schweizer Stadt mit der größten Gay-Szene. Auch an Festivals mangelt es nicht: Neben dem Christopher Street Day gibt es noch etliche weitere Events wie bspw. den **Pink Apple,** das schwul-lesbische Filmfestival, das meist Ende April/Anfang Mai in Zürich stattfindet.

Radausflug in die hügelige Landschaft rund um Zürich

Informationen

- **HAZ,** Sihlquai 67, Tel. 044 2712250, www.haz.ch. Die Homosexuellen Arbeitsgruppen Zürich sind eine der größten Lesben- und Schwulenorganisationen der Schweiz und setzen sich seit 1972 im Großraum Zürich für die Emanzipierung der Homo- und Bisexuellen ein.
- **LOS,** Monbijoustrasse 73, 3007 Bern, Tel. 031 3820222, www.los.ch. Hinter LOS verbirgt sich die nationale Lesbenorganisation Schweiz.
- **PINK CROSS,** Monbijoustr. 73, 3001 Bern, www.pinkcross.ch, Tel. 031 3723300. PINK CROSS ist der nationale Dachverband der schwulen Männer in der Schweiz.

Treffpunkte

163 [M7] **barfüsser,** Spitalgasse 14, Tel. 044 2514064, www.barfuesser.ch, Mo. 11.30–22.30 Uhr, Di.–Do. 11.30–23.30 Uhr, Fr. 11.30–2 Uhr, Sa. 13–2 Uhr, So. 15–22.30 Uhr, Tram 4, 15, Station: Rudolf-Brun-Brücke. Das barfüsser ist eine der ältesten Schwulenbars Europas. Und nicht nur das: Inmitten roter Wände und braunen Mobiliars serviert der moderne, durchgestylte Japaner im Niederdorf Sushi zu moderaten Preisen. Im Sommer sitzt man gemütlich draußen vor dem Lokal. Heteros sind natürlich auch willkommen.

164 [M7] **Cranberry Bar,** Metzgergasse 3, Tel. 044 2612772, www.cranberry.ch, tgl. ab 17 Uhr. Direkt in der Altstadt in der Nähe zum Limmatquai gelegen, trifft sich im „CB" die junge schwule Szene. Im Grunde sind aber alle willkommen, die Lust auf Party und gute Cocktails haben.

165 [L5] **Freitags Centro,** Sihlquai 67, Tel. 044 2712250, Fr. 19.30–23.30 Uhr. Das Freitags Centro ist Zürichs einziges nicht-kommerzielles schwul-lesbisches Café und wird von der HAZ (s. o.)

betrieben. Freitags (einmal monatlich) werden Sandwiches, Kaffee und Kuchen in ungezwungener Atmosphäre gereicht.

166 [K4] **Heldenbar,** Sihlquai 240, www.heldenbar.ch, Mi. ab 20 Uhr. Schwul-lesbischer Treffunkt, bei dem auch Heteros willkommen sind.

Sport und Erholung

Viele Grün- und Waldflächen, eine einzigartige Bäderlandschaft, zahlreiche Sportanlagen und -angebote und nicht zuletzt die Nähe zu vielen Natursehenswürdigkeiten machen Zürich für Besucher attraktiv, die Wert auf eine aktive Freizeitgestaltung legen.

Die „Sommerterrasse" des barfüsser - hier ist jeder willkommen

Ein Eldorado für Sonnenhungrige: die Parkanlage am Zürichhorn (s. S. 45)

Baden

Zürich hat eine außergewöhnlich große Dichte an Schwimmbädern und besitzt eine der **schönsten See- und Flussbäderlandschaften Europas.** Regelrechte Freizeitoasen sind im Sommer vor allem die vielen See- und Flussbäder, die für viele Zürcher ultimative Sommertreffpunkte darstellen. Wer im Sommer in Zürich ist, sollte deshalb unbedingt eines der tollen Freibäder besuchen, die meist in der Zeit von Mai bis September geöffnet haben.

Auf diese Monate beziehen sich auch die im Folgenden angegebenen täglichen **Öffnungszeiten.** Je nach Witterung werden die Öffnungszeiten von den Bädern verkürzt oder verlängert.

Frei- und Strandbäder

S167 [F5] **Freibad Letzigraben,** Edelweissstr. 5, Tel. 044 4921050, Eintritt: 7 CHF, tgl. 7–20 Uhr, Tram 2, Station: Letzigrund. Kein Geringerer als Max

Frisch hat dieses wunderschöne Freibad entworfen, das inzwischen unter Denkmalschutz steht. Das Alter sieht man der Anlage aber nicht an, wurde sie doch im Jahr 2006 liebevoll renoviert. Hier finden Wasserratten alles, was das Herz begehrt: unterschiedliche Becken, darunter auch ein Wellenbad, einen Strömungskanal, einen 10-Meter-Sprungturm und eine weitläufige Grünanlage mit Grillstellen. Obendrauf gibt es noch ein kleines Frisch-Museum, das an den Erbauer der Anlage erinnert.

27 [M9] **Seebad Utoquai.** Das Jugendstilbad von 1889 ist auch ein ästhetisches Erlebnis. In der wunderschönen Holzkonstruktion gibt es geschlechtergetrennte Sonnenterrassen und tolle kleine Badeinseln mitten im See.

S168 [K11] **Strandbad Mythenquai,** Mythenquai 95, Tel. 044 2010000, tgl. 9–20 Uhr. Eintritt: 7 CHF, erm. 5 CHF, Bus 161, 165, Station: Landiwiese. Das Strandbad Mythenquai ist das einzige Sandstrandbad der Stadt. Ein 250 m langer Sandstrand sorgt für Mittelmeeratmosphäre, es gibt Volleyballfelder, Kinderplanschbecken, einen Sprungturm, Tischtennisplatten und Grillstellen. Badespaß für die ganze Familie!

Flussbäder

6 [L8] **Frauenbad Stadthausquai.** Die schwimmende Holzkonstruktion wurde 1888 als erste Frauenbadi der Stadt eröffnet, und bis heute bleiben hier die Frauen unter sich. In der wunderschönen Holzbadeanstalt hat man im Außenbereich freie Sicht auf das Grossmünster und die gegenüberliegende Altstadt. Abends verwandelt sich die Badi in die angesagte Barfussbar (s. S. 34) mit umfangreichem Veranstaltungsprogramm.

S169 [K7] **Männerbad im Schanzengraben,** Badweg 10, Tel. 044 2119594, Eintritt frei, 11–19 Uhr (Sa. geschlossen), Tram 2, 9, Station: Sihlstr. Die Männerbadi im Schanzengraben ist die älteste Badeanstalt der Stadt und darf auch heute noch nur von Männern benutzt werden. Die schöne Holzkonstruktion wurde 1864 am Ufer des ehemaligen Befestigungskanals erbaut. Abends

verwandelt sich die Badi in die Rimini Bar (s. S. 35) und heißt dann auch Frauen willkommen.

S170 [K4] **Oberer Letten,** Lettensteg 10, Tel. 044 3629200, Eintritt frei, tgl. 9–20 Uhr, Tram 4, 13, Station: Limmatplatz. Die Badi Oberer Letten wurde 1896 eröffnet und zieht auch über 100 Jahre später noch ein sehr szeniges, junges Publikum an. Liegeterrassen beiderseits der Limmat versprechen Entspannung pur.

S171 [K4] **Unterer Letten,** Wasserwerkstr. 141, Tel. 044 3621080, Eintritt frei, tgl. 9–20 Uhr, Tram 4, 14, Station: Dammweg. Auch hier schwimmt man in einer schönen Holzkonstruktion in der Limmat, am Uferrand gibt es aber noch Nichtschwimmer- und Kinderplanschbecken. Ein Kiosk serviert kleine Leckerbissen, das Publikum ist aus dem Oberen Letten herausgewachsen und vergnügt sich nun mit dem Nachwuchs stromabwärts weiter.

Schwimmen und Saunieren kann man im Seebad Enge zu jeder Jahreszeit

Sauna und Wellness

S172 [L9] **Seebad Enge,** Mythenquai 9, Tel. 044 2013889, www.tonttu.ch, Eintritt: 27 CHF, Mo.–Sa. 11–23 Uhr, So. 10–22 Uhr (Montag nur Frauen) Tram 5, Station: Bellevue. Die kubusartige Architektur der kleinen Saunaanlage erinnert ein wenig an den Weltausstellungspavillon von Mies van der Rohe in Barcelona: klare Formen, symmetrische Linien und viel Glas.

S173 [J9] **Thermalbad & Spa Zürich,** Brandschenkestr. 45, Tel. 044 2059650, www.thermalbad-zuerich.ch, Eintritt: 32 CHF, tgl. 9–22 Uhr, Tram 13, Station: Bahnhof Enge/Bederstrasse. Untergebracht in den riesigen historischen Gewölbekellern der Brauerei Hürlimann ist diese Therme sicher die ungewöhnlichste Wellness-Location Zürichs. Neben dem Thermalbadbereich gibt es ein Irisch-Römisches Spa (Eintritt: 55 CHF). Höhepunkt in jeder Hinsicht ist das Dachbad mit grandiosem Panoramablick über die Stadt bis hin zur Alpenkette am Horizont.

Stadttouren

Wer sich Zürich durch eine geführte Tour erschließen will, dem stehen dafür zahlreiche Möglichkeiten offen. **Zürich Tourismus** (s. S. 109) bietet Stadtführungen und **Stadtrundgänge zu unterschiedlichen Themen** an: Der Klassiker ist sicherlich der geführte Altstadtbummel, mit dem man sich die Höhepunkte der Innenstadt erschließt. Wer sich für die Liebesgeschichten bekannter Persönlichkeiten interessiert, kann an der Stadtführung „Love Stories" teilnehmen, während „Money, Money, Money" den Finanzplatz Zürich vorstellt und der Nachtbummel in die „dunklen" Ecken der Stadt führt.

Neben der Wahl des Themas der Führung bzw. des Rundgangs durch Zürich kann man sich auch noch das **Transportmittel** aussuchen: Ob zu Fuß, mit dem Rad, im Bus, mit dem Segway oder auf Fluss und See – Zürich lässt sich aus unterschiedlichen Perspektiven immer wieder neu entdecken.

Die meisten Touren dauern zwei Stunden, kosten in der Regel 25 CHF (Erwachsene) und können bei Zürich Tourismus im Hauptbahnhof gebucht werden.

057zu Abb.: tk

Große Auswahl an Stadttouren auf kleinstem Raum

Wichtig: Auch innerhalb der Stadt muss die Ortsvorwahl immer mitgewählt werden!

Dank umfassender Roamingabkommen zwischen den Schweizer und deutschen bzw. österreichischen Netzbetreibern funktioniert das Telefonieren mit dem eigenen **Mobiltelefon** völlig problemlos. Die nicht geringen Roaminggebühren lassen längere Telefonate mit dem Handy jedoch schnell zu einer kostspieligen Angelegenheit werden.

Telefonieren

Die meisten **Telefonzellen** in Zürich sind nur mit **Telefonkarten**, sogenannten „Taxcards", zu benutzen. Telefonkarten werden in Postämtern, Bahnhöfen und Kiosken für 10 oder 20 CHF verkauft.

Die **Vorwahlnummer** für die Schweiz von Deutschland und Österreich aus lautet 0041, die **Ortsvorwahl** für Zürich (0)43 oder (0)44.

Unterkunft

In Zürich kann man nicht nur fürstlich übernachten, sondern auch günstig absteigen. Hierfür bieten über 200 Hoteliers ihre Betten an. An dieser Stelle werden nur solche Häuser vorgestellt, die wir für **besonders emp-**

Preiskategorien Unterkunft
€ bis 150 CHF
€€ 150–300 CHF
€€€ über 300 CHF
(Preis für ein Doppelzimmer pro Nacht inkl. Frühstück)

fehlenswert halten – weil sie reizvoll und/oder zentral liegen, außergewöhnliche Schlafmöglichkeiten bieten, freundliches und engagiertes Personal haben oder weil sie auch in kleine Geldbeutel keine großen Löcher reißen.

Zürich Tourismus (s. S. 109) vermittelt vor Ort, im Internet oder am Telefon Unterkünfte. Die Reservierung ist kostenlos. Sollte die Hotelreservation von Zürich Tourismus im Hauptbahnhof geschlossen sein, hilft die **elektronische Reservation** gegenüber von Gleis 8 im Hauptbahnhof weiter: Hier kann man digital freie Zimmer in Hotels abfragen und buchen. Es lohnt aber auch, sich direkt bei den Hotels zu erkundigen und nach speziellen Angeboten zu fragen.

Alle nun folgenden Hotels kann man über Zürich Tourismus buchen.

› **Zürich Tourismus,** gratis Unterkunftsreservierung: Tel. 044 2154040, www.zuerich.com

Hotels

174 [L7] **Best Western Premier Hotel Glockenhof** €€€, Sihlstr. 31, Tel. 044 2259191, www.glockenhof.ch, Tram 6, 7, 11, 13, Station: Rennweg, WLAN. Dieses 4-Sterne-Haus verfügt über 91 moderne Designerzimmer und sämtliche Annehmlichkeiten, die der Gast bei diesem Preisniveau erwartet. Das prächtige Gebäude blickt auf eine wechselvolle hundertjährige Geschichte zurück und hat mit seinem idyllischen Innenhof zu Recht den Ruf, eine Oase der Ruhe inmitten der vibrierenden Innenstadt zu sein.

175 [M6] **Comfort Hotel Royal** €€, Leonhardstrasse 6, Tel. 044 2665959, Fax 044 2665960, www.comfortinn.ch, Tram 6, 10, Station: Haldenegg, WLAN. Kompaktes Businesshotel mit großartigem Preis-Leistungs-Verhältnis. Ideale Lage in einer Art „Lärmschatten" und doch zentral.

176 [I7] **Gasthaus Zum Guten Glück** €, Stationsstrasse 7, www.zumgutenglueck.ch, Tel. 0435407299, Tram 3, Station: Kalkbreite, WLAN. Dieses Haus ist alles in einem: Hotel, Restaurant, Café und Bar. Die etwas abseits des Zentrums gelegene Unterkunft überzeugt durch ein sehr gutes Preis-Leistungs-Verhältnis. Wer Lust auf authentisches Quartierleben fern von Touristenrummel und Geschäftsreisenden hat, der sollte hier einchecken.

177 [M8] **Hotel Altstadt** €€, Kirchgasse 4, Tel. 044 2505353, Fax 044 2505354, www.hotel-altstadt.ch, Tram 4, 15, Station: Helmhaus, WLAN. Der Name kündigt es schon an: ein Haus inmitten des alten Zentrums von Zürich. Von außen eher unscheinbar, entpuppt sich dieses Hotel innen als regelrechtes Kunstwerk. Jedes Zimmer ist von dem Maler H. C. Jenssen in Zusammenarbeit mit Schriftstellern gestaltet worden und bietet für den Gast eine unvergleichlich inspirierende Atmosphäre.

178 [J10] **Hotel Engimatt** €€, Engimattstr. 14, Tel. 044 2841616, Fax 044 2012516, www.engimatt.ch, Tram 5, 13, Station: Waffenplatzstrasse, WLAN. Manches Hotel nennt sich „Oase", hier trifft diese Umschreibung wirklich zu, denn abseits der quirligen Altstadt ist es hier beschaulich und still. Das 4-Sterne-Haus hat ein modernes Ambiente und genügt auch hohen Ansprüchen. Ein besonders guter Start in den Tag ist das leckere Frühstück auf der begrünten Hotelterrasse.

179 [M8] **Hotel Otter** €€, Oberdorfstr. 7, Tel. 044 2512207, Fax 044 2512275, www.hotelotter.ch, Tram 2, 5, 8, 9, 11, Station: Bellevue. Dieses Hotel spricht den typischen Städtejunkie an; es wendet sich an aufgeschlossene Leute, die etwas erleben wollen: bunte, absolut unterschiedlich gestylte Zimmer innen und Kneipen sowie Boutiquen en masse direkt vor der Haustür.

180 [M8] **Hotel Rössli** €€, Rössligasse 7, Tel. 044 2567050, www.hotelroessli.ch, Tram 4, 15, Station: Helmhaus. Das Rössli ist ein kleines, aber feines Haus und liegt mitten in der Zürcher Altstadt unweit vom Limmatquai. Die Mischung aus alter Bausubstanz und moderner Einrichtung ist absolut gelungen und schafft eine besondere Atmosphäre. Ein angenehmer Ort, um einen Abend in Zürich zu beschließen, ist die hoteleigene Rösslibar.

181 [M7] **Hotel Splendid** €, Rosengasse 5, Tel. 044 2525850, Fax 044 2626140, www.hotelsplendid.ch, Tram 4, 15, Station: Rathaus. Mitten im Niederdorf gelegen, ist das Splendid mit der hauseigenen Piano Bar die perfekte Station für Nachtschwärmer. Viele Stammgäste schätzen den verblichenen Charme dieses einfachen Hauses und können gut auf TV im Zimmer verzichten. Duschen und Toiletten befinden sich auf dem Etagenflur.

182 [M6] **Hotel & Pension St. Josef** €€, Hirschengraben 64/68, Tel. 044 2505757, Fax 044 2512808, www.st-josef.ch, Tram 3, 4, 6, 7, 10, 15, Station: Central, WLAN. Wer hier eincheckt, kann Zürich bequem zu Fuß erschließen, wohnt aber trotzdem vergleichsweise ruhig am Rande des städtischen Geschehens. Das Angebot reicht von Einzel- bis zu 4-Bett-Zimmern, auch Halbpension ist auf Anfrage erhältlich.

183 [K4] **Hotel X-tra** €, Limmatstr. 118, Tel. 044 4481595, Fax 044 4481596, www.x-tra.ch, Tram 4, 13, 17, Station: Limmatplatz. Beim X-tra handelt es sich um eines der coolsten Hotels in Zürich für junge Leute. Nicht nur die Lage in der Nähe des belebten Limmatplatzes mit seinen vielen Verköstigungsmöglichkeiten ist ein Pluspunkt, auch der Komplex selbst hat es in sich. Das X-tra, ein Bauhaus-Bau aus den 1930er-Jahren, ist zugleich Hotel, Restaurant, Bar und Lounge.

184 [H3] **ibis budget Zürich City West** €, Technoparkstr. 2, Tel. 044 2762000, www.ibis.com, Tram 4, Station: Technopark, WLAN. Perfektes Quartier, um „Züri-West" unsicher zu machen. Das ehemalige etap-Hotel mitten im Szeneviertel ist jetzt Mitglied der ibis-Kette.

185 [K3] **Kafischnaps** €, Kornhausstrasse 57, Tel. 043 5388116, www.kafischnaps.ch, Tram 11, 14, Station: Schaffhauserplatz, dann weiter per Bus Linie 33, Station: Rotbuchstrasse. Die kleine Pension bietet 5 individuell gestaltete Gästezimmer zu sehr fairen Preisen. Sehr praktisch: Das Kafischnaps ist zugleich ein einladendes Café-Restaurant-Bistro, in dem man von früh bis nachts gut essen und trinken kann. Weiterer Vorteil: die Lage abseits der typischen Touristenpfade.

186 [M6] **Limmathof** €€, Limmatquai 142, Tel. 044 2676040, Fax 044 2620217, www.limmathof.com, Tram 3, 4, 6, 7, 10, 15, Station: Central. Wer abends gern durch Kneipen, Klubs und Bars zieht, kann in Zürich kaum besser wohnen. Am oberen Ende der Niederdorfstrasse und nur drei Minuten vom Hauptbahnhof entfernt liegt der Limmathof in einem äußerst lebendigen Viertel von Zürich. Die mit Stabparkett ausgelegten 62 Zimmer sind mit Bad und WC ausgestattet und zweckmäßig eingerichtet.

187 [M9] **Seehof** €€, Seehofstr. 11, Tel. 044 2545757, www.seehof.ch, Tram 4, 2, Station: Opernhaus, WLAN. Der Seehof hat nur 19 Zimmer, diese strahlen aber eine zeitgemäße und einladende Atmosphäre aus, sodass das Hotel irgendwie ein bisschen wie Zürich selbst ist: klein, aber beeindruckend, historisch und doch modern. Besonderen Wert legt man auch auf die Gastronomie. So ist das Seehof zugleich Bar und bietet u. a. zahlreiche erlesene Weine an.

188 [P5] **Sorell Hotel Zürichberg** €€€, Orellistr. 21, Tel. 044 2683535, Fax 044 2683545, www.zuerichberg.ch, Tram 6, Station: Zoo, WLAN. Vom Zürichberg bietet sich ein spektakuläres Panorama auf Stadt, See und die Glarner Alpen. Der neue Bau des Hotels, 1995 vom Architektenteam Marianne Burkhalter und Christian Sumi errichtet, begeistert Architekturfans und erinnert in seinen harmonischen Rundungen stark an das New Yorker Guggenheim Museum.

189 [L5] **Walhalla Hotel** €, Limmatstrasse 5, Tel. 044 4465400, Fax 044 4465454, www.walhalla-hotel.ch, Tram 4, 11, 13, 17, Station: Sihlquai, WLAN. Vom Walhalla Hotel aus erreicht man die beiden Zentren Zürichs besonders leicht: Das Haus steht an der Schnittstelle zwischen dem historischen Zentrum und dem brodelnden Kreis 5, direkt gegenüber dem Hauptbahnhof und dem Landesmuseum. Die modernen Zimmer im Walhalla sind individuell gestaltet und für Lage und Service überraschend preiswert.

190 [L7] **Widder Hotel** €€€, Rennweg 7, Tel. 044 2242526, www.widderhotel.ch, Tram 6,7,11,13, Station: Rennweg, WLAN. In neun restaurierten historischen Wohnhäusern breitet sich das kleine 5-Sterne-Hotel Widder aus. Neben erstklassigem Service und einer Spitzengastronomie genießt man hier ein sehenswertes authentisches Gebäude-Ensemble, dessen Wurzeln bis ins 12. Jahrhundert zurückreichen. Jedes der 34 Zimmer ist individuell konzipiert; für besonders hohe Ansprüche stehen 15 Suiten zur Verfügung. Kultstatus genießt seit Jahren die legendäre Widder Bar (s. S. 37) mit Livejazz und einer überwältigenden „Library of Spirits".

191 [M7] **Zic Zac Rock-Hotel** €, Marktgasse 17, Tel. 044 2612181, Fax 044 2612175, www.ziczacrock.res-easy.com, Tram 4, 15, Station: Rathaus, WLAN. Die Lage und der annehmbare Preis machen das Zic Zac zum idealen Unterschlupf für junge Leute. Von hier aus sind viele Kneipen, Restaurants, Klubs und Läden in wenigen Fußminuten zu erreichen. Dank eines indischen Restaurants und des In-Lokals Zic Zac Dörfli besteht sogar die Möglichkeit, das Haus gar nicht zu verlassen und trotzdem etwas zu erleben.

Jugendherbergen und Hostels

192 [M7] **City Backpacker** €, Niederdorfstr. 5, Tel. 044 2519015, www.city-backpacker.ch, Tram 4, 15, Station: Rathaus, WLAN. Zwischen Grossmünster und dem Hauptbahnhof findet man diese preiswerte Unterkunft, die damit in perfekter Nähe zu den wichtigsten Sehenswürdigkeiten der Stadt liegt. Selbstversorgern und klassischen Travellern stehen Küche, Waschmaschine und Trockner zur Verfügung. Neben Einzel- und Doppelzimmern gibt es auch günstige Mehrbetträume.

193 [J5] **Hostel Langstars** €, Langstr. 120, Tel. 0433179655, www.langstars.ch, Tram 8, Station: Helvetiaplatz, WLAN. Das 2011 eröffnete Hostel ist schon jetzt eine Erfolgsgeschichte. Neben der Übernachtungsmöglichkeit im Schlafsaal bietet das Langstars seinen internationalen Gästen regelmäßige Konzerte und einen Café-Bar-Betrieb.

194 [J12] **Jugendherberge Zürich** €, Mutschellenstr. 114, Tel. 043 3997800, Fax 043 3997801, www.youthhostel.ch/zuerich, Tram 7, Station: Morgental, WLAN. Wie es sich für eine Metropole gehört, gibt es in der Jugendherberge Zürich so gut wie alles: Einzel-, Doppel- und Dreierzimmer, Vierer-, Familien- und Mehrbettzimmer. In den Übernachtungspreisen für die angenehmen Zimmer inbegriffen ist ein Frühstücksbuffet. Einziger, etwas zeitraubender Haken: Die Jugendherberge liegt südlich des Bahnhofs Wollishofen, also praktisch vor den Toren der Stadt.

Übernachten muss nicht teuer sein

Verkehrsmittel

Zürich verfügt über ein **hervorragend ausgebautes öffentliches Verkehrssystem**, das vom **Zürcher Verkehrsverbund (ZVV)** betreut wird. Dem ZVV sind unterschiedliche Verkehrsmittel anvertraut: S-Bahn, Bus, Schiff, Tram, Luftseilbahn und Bergbahn. Für alle öffentlichen Verkehrsmittel gibt es praktischerweise ein **einheitliches Tarifsystem**, d.h., alle Tickets sind für alle Zürcher Verkehrsmittel gültig.

In den Nächten von Freitag auf Samstag, von Samstag auf Sonntag und vor Feiertagen verkehren in Zürich **Nachtbusse.** Wer die Busse benutzt, muss zusätzlich zum gültigen Ticket für die Nachtfahrt noch einen Aufschlag von 5 CHF zahlen.

In den Trams und Bussen können keine Fahrkarten gelöst werden. Deshalb muss man Tickets und Nachtzuschläge vor der Fahrt am Automaten ziehen oder an den Schaltern kaufen. Daran sollte man tunlichst denken, denn wer beim **Schwarzfahren** erwischt wird, muss tief in die Tasche greifen: 90 CHF verlangt die Stadt für den fehlenden Fahrschein. An allen Haltestellen sind Fahrkartenautomaten aufgestellt, die in der Regel neben Kleingeld auch Debit- und Kreditkarten akzeptieren.

Folgende Tickets werden angeboten (für Tarifzone 110 = Stadt Zürich):

- **Einzelfahrschein:** 2,60 CHF, Kinder 2,20 CHF
- **Tageskarte:** 5,20 CHF, Kinder bis 16 Jahre 4,40 CHF
- **Tageswahlkarte** (6 frei wählbare Reisetage auf einer Karte): 25,60 CHF, Jugendliche bis 25 Jahre 22,40 CHF
- **Mehrfahrtenkarte** (6 Einzelfahrkarten auf einer Karte): 12,80 CHF, Jugendliche bis 25 Jahre 11,20 CHF
- Infos im Internet: **www.zvv.ch**

Trams und Busse

Das beliebteste und effizienteste Verkehrsmittel in Zürich ist die Straßenbahn bzw. Tram. Wo sie nicht hinfährt, übernehmen Busse den Personenverkehr. Dank dieses Systems fällt es dem Besucher kaum auf, dass in der großen und wirtschaftsstarken Stadt keine U-Bahn existiert. Die wichtigsten Sehenswürdigkeiten, Straßen und Plätze in Zürich erreicht der Gast mit einer der 16 Tramlinien, fast in jeden Winkel der Stadt reicht eine der mehr als 300 Buslinien. Die Straßenbahnen und Busse sind zwischen 5.30 und 24 Uhr im Einsatz und verkehren während der Hauptverkehrszeiten im 6-Minuten-Takt. Einen Linienplan finden Sie in der hinteren Umschlagklappe.

S-Bahn

Wer ins Zürcher Umland, z. B. auf den Uetliberg, möchte, dem steht ein Netz von 28 S-Bahn-Linien zur Verfügung. Größte Bedeutung hat das seit 1990 ausgebaute S-Bahn-System für Zehntausende von Pendlern, die morgens und abends in die Stadt hinein- bzw. herausfahren.

Schiffe

Die **Zürichsee Schifffahrtsgesellschaft** betreibt mit insgesamt sieben Schifffahrtslinien Schiffsverkehr auf dem See und der Limmat. Wichtigste Anlegestellen sind neben dem zentralen Bürkliplatz 5 Wollishofen auf der linken und Zürichhorn (s. S. 45) auf der rechten Seeseite. Für Fahrten auf der Limmat, d. h. auf Stadtgebiet, benötigt man lediglich das Normalticket der Zone 110. Die Limmatschiffe fahren halbstündlich vom Landesmuseum bis zum Zürichhorn.

Sowohl mit den Schiffen auf dem See als auch mit den Limmatschiffen können **Rundfahrten** unternommen werden. Je nachdem, in welchem Radius man den Zürichsee kennenlernen will, bieten die Schiffe auf dem See kleine (8,40 CHF, erm. 4,20 CHF), mittlere und große (25,00 CHF, erm. 12,50 CHF) Rundfahrten an, die 1½ bis 4 Stunden Zeit in Anspruch neh-

Der Bellevueplatz 18 mit Zürichs belebtester Tramhaltestelle

Das hügelige Umland lockt zu Spaziergängen und Wanderungen

men. Besonders beliebt sind Fahrten mit den zwei **historischen Schaufelraddampfern.** Auf den schwimmenden Industriedenkmälern erlebt man eine nostalgische Zürichsee-Rundfahrt wie vor 100 Jahren.

› **Infos:** Tel. 044 4871333, www.zsg.ch

Taxi

Da die Wege in Zürich verglichen mit Paris, London oder Berlin doch deutlich kürzer sind, sieht man weit weniger Taxen als in den genannten Metropolen. Die **Hauptstandorte** von Taxis sind der Hauptbahnhof ❶, der Platz Central [M6] und das Bellevue ⓲, die Rathausbrücke [L7] und der Heimplatz [M7]. Da diese Plätze durch Trams, Autoverkehr, Fahrradfahrer, Fußgänger und Busse oft unübersichtlich sind und in Zürich die Taxis keine einheitliche Farbe haben, ist es manchmal nicht ganz leicht, die Stellplätze mit ihren Hinweisschildern zu finden. Wer pünktlich sein muss und das Risiko, ein Taxi auf der Straße zu erwischen, nicht eingehen will, sollte **telefonisch vorbestellen,** z. B. unter diesen Nummern:

› **Taxi 7x7,** www.taxi7x7.ch, Tel. 044 7777777
› **Züritaxi,** www.zueritaxi.ch, Tel. 044 2222222

Wetter und Reisezeit

Das Schöne vorweg: Zürich ist **zu jeder Zeit eine Reise wert.** Die Stadt bietet das ganze Jahr über so viele Anlässe für Reisen, dass die Wahl eines bestimmten Zeitpunkts stark von den individuellen Interessen abhängt.

Was das Wetter betrifft, so begünstigen das Klima und die Böden im Mittelland zwar die Landwirtschaft, doch ist die Region andererseits bekannt für eine **dicke Nebeldecke,** die sich nicht selten über das Land legt. Ein sogenanntes „Nebelmeer" ist dann von den Alpengipfeln aus über dem Wirtschaftsraum Mittelland mit dem Kanton Zürich im Zentrum zu sehen. Vor allem im Winter sorgen die Hochnebeldecken im Zürcher Tal für niedrigere Temperaturen als auf den sonnigen Berghängen über der Wolkendecke (sog. Inversionsklima).

Hinsichtlich Temperaturen und Niederschlägen **ähnelt der Großraum Zürich Süddeutschland.** Die wärmsten, aber zugleich niederschlagsreichsten Monate des Jahres sind Juni, Juli und August. Vom **Föhn,** einer Wetterlage, die zu Temperaturanstieg, verstärkter Schneeschmelze und einer oft prächtigen Fernsicht führt und vor allem im Frühjahr und Herbst auftritt, ist die Stadt Zürich seltener betroffen als die

066zu Abb.: tk

höher gelegenen Regionen des Mittellands. Der Reisende kann in Zürich aber eigentlich nichts falsch machen: Ist das Wetter gut, lässt man sich am Seeufer, auf Plätzen und durch Straßencafés treiben, kommt es zu Niederschlägen, dann laden Dutzende von Museen, Hunderte von Restaurants und Kneipen sowie eine einmalige Shoppinglandschaft zum Genießen ein.

Deshalb gilt: Will man sich bei der Wahl der Reisezeit am Reisewetter orientieren, sind die **warmen Sommermonate** von Mai bis September zu empfehlen, weil die Temperaturen dann am höchsten sind und man die spektakuläre Lage am See und die vielen Outdooraktivitäten in und rund um Zürich am besten genießen kann. Vor allem Wander- und Sportbegeisterte kommen durch das riesige Angebot an Ausflugszielen auf ihre Kosten. Die Temperaturen sind in diesen Monaten sehr angenehm und betragen durchschnittlich 25 °C, steigen aber selten über die 30-°C-Grenze.

In der **Winterzeit** von November bis Februar variieren die Temperaturen normalerweise zwischen –5 °C und 5 °C. Die Niederschläge pendeln sich in diesem Zeitraum bei durchschnittlich zehn Tagen pro Monat ein, der Unterschied zu den Sommermonaten ist daher nicht sehr gravierend. Auch im Winter hat Zürich einiges zu bieten und versprüht einen ganz speziellen Charme, vor allem wenn es schneit und die Dächer vom Schnee geschmückt sind. In der Weihnachtszeit wird die Innenstadt zudem mit einer schönen Weihnachtsbeleuchtung dekoriert. Unvergessen wird jedem Zürichbesucher sicherlich das grandiose **Silvesterfeuerwerk** bleiben, das jedes Jahr kurz nach 0 Uhr am Zürichsee zelebriert wird.

Anlass für eine Reise können natürlich auch die unzähligen **kulturellen Events und traditionellen Feste** sein, die jedes Jahr viele Besucher in die Stadt locken. Sie können aber auch ein Grund sein, nicht nach Zürich zu reisen: Wenn sich Anfang August rund eine Million Raver über die Stadt ergießen, um die Street Parade zu feiern und die Straßen in eine riesige Technoparty zu verwandeln, ist Zürich sicherlich kein Ort der Stille, an dem man gemütlich durch die Gassen der Altstadt flanieren kann.

Unser Favorit für einen Zürichbesuch ist trotz vieler Indoor-Attraktionen der Sommer, wenn sich das Leben draußen abspielt und die geschäftstüchtige Zwingli-Stadt einen fast südeuropäischen Charme versprüht.

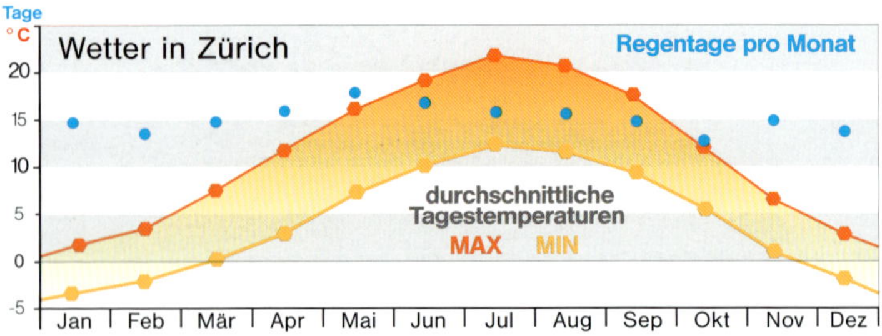

Anhang

067zu Abb.: tk

Kleine Sprachhilfe

Die folgenden Wörter und Redewendungen wurden dem Reisesprachführer „Schwiizertüütsch – das Deutsch der Eidgenossen" (Kauderwelsch-Band 71) aus dem Reise Know-How Verlag entnommen.

Allgemeines Schweizerdeutsch

Aalass, de	Veranstaltung
Badi, d (Abk.)	Schwimmbad
Billet, s	Eintrittskarte
Chilbi, d	Rummelplatz
exgüsi	Verzeihung
faktisch	tatsächlich, in Wahrheit
frequentiere	besuchen, teilnehmen
Heftli, s	Zeitschrift, Heft
undertags	tagsüber
zäme	zusammen

Unterwegs

de Schlitte	Straßenbahn
de Lumpesammler	letzte Straßen- oder S-Bahn
de Kondüktör	Schaffner
s Perron	Bahnsteig
s Billet	Fahrkarte
s Rötuurbillet	Rückfahrtskarte
s Abo (Abk.)	Mehrfahrtenkarte
d Holzklass	Bahn: 2. Klasse
de Rank	Kurve
pressant	eilig
pressiere	eilen
s Trottuar	Gehsteig
de Fuessgängerstreife	Zebrastreifen
s Welo	Fahrrad
pedale, trampe, welofaare	radeln
de Moscht	Benzin
de Faaruuswiss, s Billet	Führerschein
d Liechtsignalaalaag	Ampel

Scheine und Münzen

Lappe, Blatt	100-Franken-Schein
Füffzgerlappe	50-Franken-Schein
Pfund	20-Franken-Schein
Dietschi	10-Franken-Schein
Schnägg, Tole, Föifliiber	5-Franken-Münze
Zweifränkler	2-Franken-Münze
Einfränkler	1-Franken-Münze

Essen

Diverses

de Gumiadler, s Güggeli	Hähnchen
s Pulee	Hühnchen
de Mischtchratzer	junges Hähnchen
s Hacktätschli	Boulette
s Blätzli	Schnitzel
s Voorässe	Ragout
s Gnagi, s Rippli, s Schüfeli	Eisbein
de Hamme	Schinken
d Schuesole	zähes Schnitzel
de Fraass	Essen, Fraß
Teiggaffe (Mz.)	Nudeln
Chineese-Schotter (Mz.)	Reis
d Vierkantrööschti	Pommes frites
natüür	ohne Zusatz, pur
räss	salzig
chüschtig, wäärschaft	deftig

Gemüse

de Nüsslisalat, de Nüssler	Feldsalat
de Lauch	Porree
d Rüebli (Mz.)	Möhren
d Rande	rote Bete
d Peperoni	Paprika
d Chefe	Zuckererbsen
d Zuggetti	Zucchini
de Chabis	Kohl

Desserts und Süßspeisen

de Sandsturm	trockenes Gebäck
d Patisserii	süßes Gebäck
de Gnussnipfel	Nussgipfel
d Sturzwälder-schwaarte	Schwarzwälder Kirschtorte
de Biber(flade)	gefüllter Lebkuchen
de Tirggel, s Läckerli	Honiggebäck
d Wäje, d Dünne	Obstkuchen
de Eiterrieme	Cremeschnitte
d Schnudertüüte	Cremetüte
de Raam, de Nidel	Sahne
s Nidelzältli, s Raamtäfeli	Sahne-Karamel
de Cup	Eisbecher
de Chöitsch	Kaugummi
s Zältli, s Täfeli	Zuckerbonbon
de Bääredräck	Lakritze
d Spanischi Nüssli (Mz.)	Erdnüsse
s Schläckzüüg	Süßigkeiten
de Mocke	dickes Stück

Frühstück

s Pariiser Brot	Baguette
s Gipfeli	Hörnchen
d Züpfe, de Zopf	Brot in Zopfform, aus Milchhefeteig
s Büürli, s Weggli, s Schlum-bergerli	Brötchen
en Schole Hampf	ein Stück Brot

Getränke

Haaneburger	Leitungswasser
s Blööterliwasser,	Mineralwasser oder
s Görpsliwasser	Limonade mit Kohlensäurezusatz
de Suuser	leicht alkoholhaltiger roter Traubensaft
de Chlöpfmoscht, de Nuttedisel	Champagner, Sekt
s Cüppli	Champagner im Glas
de Zapfezier	Korkenzieher
s Deppo	Flaschenpfand
de Koffeiin-Schuub	Kaffee
de/s Kafi Creem	Kaffee mit Sahne
d Schaale Gold	Milchkaffee
de Kafi Luz, de Kafi fertig	Kaffee mit Schnaps gemischt
de Güx, s Kurvenööl	Schnaps
gääch	stark alkoholhaltig

Übliche Getränkemengen

d Guttere	Flasche
de Knirps, s Spezi	kleines Bier in der Flasche, meistens Spezialbier
d Stange, d Tulpe	kleines Bier vom Fass
es Grosses, en Halbe	großes Bier vom Fass (0,5 l)
de Römer, de Einer	0,1 l Wein im Glas
s Tschumpeli, de Zweier	0,2 l Wein im Glas
en Halbe	0,5 l Wein

Durch Bars, Kneipen und Discos

d Beiz, d Chnele, d Tankstell, de Spunte, d Trinkgäldhööli	Kneipe
d Schwachstrom-beiz	alkoholfreies Restaurant
iizie	kassieren
de Beizer	Wirt
uf d Gass gaa, Gassi gaa, in Uusgang gaa, uf d Szene gaa, under d Lüüt gaa	ausgehen
schwanze	schlendern
däänze, muuve	tanzen
s Fäscht, de Feez	Fete, Party
es Fäscht boue	eine Party steigen lassen

Weitere Titel für die Region von REISE KNOW-HOW

Schwiizertüütsch – das Deutsch der Eidgenossen
Isabelle Imhof
978-3-8317-6406-8
144 Seiten | Band 71

Mit QR-Codes, um ausgewählte Redewendungen auf dem Smartphone anzuhören

7,90 Euro [D]

Schwiizertüütsch – das Deutsch der Eidgenossen
Isabelle Imhof
978-3-8317-6137-1
Ca. 60 min Laufzeit

Die wichtigsten schwiizertüütschen Redewendungen und Wörter

7,90 Euro [D]

Der Dialektführer versetzt Besucher und Zugereiste in die Lage, das Kauderwelsch der alteingesessenen Bewohner mit all seinen fremdartig und zuweilen lustig klingenden Lauten und Ausdrücken wirklich zu verstehen. Damit kann sich der Gast gekonnt in die Lebensart, das Lebensgefühl, die Lebensphilosophie der Menschen vor Ort einzufühlen. Neben grundlegenden lautlichen und grammatikalischen Unterschieden geht es vor allem darum, was Alteingesessene auf der Straße und zu Hause sprechen. Der Dialektführer bringt einen immer wieder zum Schmunzeln und vermittelt gekonnt Mentalität und Lebensgefühl des jeweiligen Sprachraums. Sprachliche Leckerbissen, gespickt mit umgangssprachlichen Floskeln, Redewendungen und lockeren Sprüchen, die den Mutterwitz der Bewohner charakterisieren sind Programm.

www.reise-know-how.de

Register

A

B

C

D

E

F

Register

N

O

P

R

S

Register

Die Autoren

Tanja Köhler, 1971 geboren, ist promovierte Kommunikationswissenschaftlerin. Sie arbeitet als Redakteurin für den Deutschlandfunk in Köln. Für den WDR hat sie als Auslandsreporterin bereits aus der Schweiz, Großbritannien, Frankreich und Australien berichtet. 2008 ist Tanja Köhler für ihre Berichterstattung aus der Schweiz mit dem Ostschweizer Medienpreis ausgezeichnet worden.

Norbert Wank, 1966 geboren, Studium der Philosophie, Germanistik und Kunstgeschichte, lebt und arbeitet in Mainz als Planungsredakteur für 3sat/ZDFkultur. Seine Leidenschaft für die Schweiz, ihre Städte und Regionen entwickelte sich durch zahllose Reisen und persönliche Kontakte im Laufe vieler Jahre. Im Reise Know-How Verlag ist von ihm auch der CityTrip „Straßburg" erschienen, den er ebenfalls zusammen mit Tanja Köhler geschrieben hat.

Bildnachweis

Die Kürzel an den Abbildungen stehen für folgende Fotografen, Firmen und Einrichtungen. Wir bedanken uns für die freundliche Abdruckgenehmigung.

Coverfoto	© Zechal, fotolia.com
fo	fotolia.com
kh	Kunsthaus
lh	Les Halles
nw	Norbert Wank (Autor)
se	Seebad Enge
tk	Tanja Köhler (Autorin)
zh	Zunfthaus zur Waag
zt	Zürich Tourismus (www.zuerich.com)

Schreiben Sie uns

Dieser CityTrip-Band ist gespickt mit Adressen, Preisen, Tipps und Infos. Nur vor Ort kann überprüft werden, was noch stimmt, was sich verändert hat, ob Preise gestiegen oder gefallen sind, ob ein Hotel, ein Restaurant immer noch empfehlenswert ist oder nicht mehr usw. Unsere Autoren sind zwar stetig unterwegs und erstellen alle zwei Jahre eine komplette Aktualisierung, aber auf die Mithilfe von Reisenden können sie nicht verzichten.

Darum: Schreiben Sie uns, was sich geändert hat, was besser sein könnte, was gestrichen bzw. ergänzt werden soll. Wenn sich die Infos direkt auf das Buch beziehen, würde die Seitenangabe uns die Arbeit sehr erleichtern. Gut verwertbare Informationen belohnt der Verlag mit einem Sprechführer Ihrer Wahl aus der über 220 Bände umfassenden Reihe „Kauderwelsch".

Bitte schreiben Sie an:
Reise Know-How Verlag Peter Rump GmbH, Postfach 140666, D-33626 Bielefeld, oder per E-Mail an: info@reise-know-how.de

Danke!

Aktuelle Informationen nach Redaktionsschluss

Unter **www.reise-know-how.de** werden aktuelle Ergänzungen und Änderungen der Autoren und Leser zum vorliegenden Buch bereitgestellt. Sie sind auch in der **Gratis-App** zum Buch abrufbar.

Zürich, Übersicht

0 500 m
© Reise Know-How 2014
L M N O P Q R S
2
3
4
5
6
7
8
9
10
11
12
13
14
Zentrum Nord s. Faltplan
Zürichberg
Zürichberg s. Faltplan
Winterthurerstr.
Weinbergstr.
Stampfenbachstr.
Limmat
Universitätsstr.
Zürich-Hauptbahnhof
Universitäts-spital
Rämistr.
153
150
Bergstr.
Wolfbach
Zürichbergtunnel
Bergstation Dolder
Adlisberg
Uraniastr.
Limmatquai
Kunsthaus
Altstadt s. Faltplan
Rämistr.
Asylstr.
Zentrum Süd s. Faltplan
Zollikerstr.
Bellerivestr.
Forchstr.
Neuer Botanischer Garten
Stephansburg
Werenbach
Zürich-horn
Zollikerstr.
Zürich-Tiefenbrunnen
Zürichsee
L M N O P Q R S

Liste der Karteneinträge

Liste der Karteneinträge

Hier nicht aufgeführte Nummern liegen außerhalb der abgebildeten Karten. Ihre Lage kann aber wie bei allen Ortsmarken im Buch mithilfe unserer Kartenansichten unter Google Maps™ gefunden werden (s. S. 143).

Zürich mit PC, Smartphone & Co.

QR-Code auf dem Umschlag scannen oder **http://ct-zuerich14.reise-know-how.de** eingeben und die **kostenlose CityTrip-App** aufrufen!

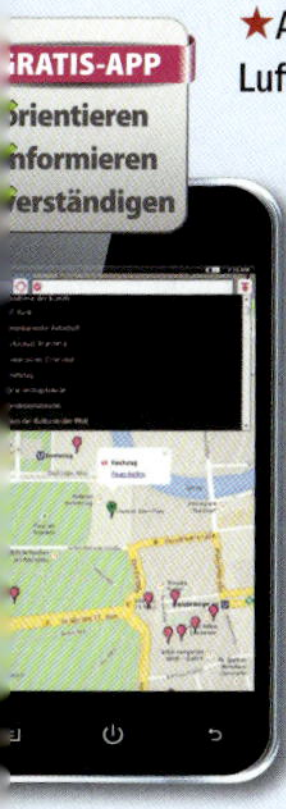

- ★ **Anzeige der Lage und Luftbildansichten aller** beschriebenen Sehenswürdigkeiten und touristisch wichtigen Orte
- ★ **Routenführung** vom aktuellen Standort zum gewünschten Ziel
- ★ **Exakter Verlauf** der empfohlenen Stadtspaziergänge
- ★ **Audiotrainer** der wichtigsten Wörter und Redewendungen
- ★ **Aktuelle Infos** nach Redaktionsschluss

Weitere kostenlose Downloads auf www.reise-know-how.de

auf der Produktseite dieses Titels unter „Datenservice“:

★ **Faltplan als PDF mit Geodaten:** Nach dem Speichern auch mobil nutzbar auf allen Geräten mit PDF-Reader. Für Smartphones/Tablets empfiehlt sich die App „PDF Maps“ von Avenza™ mit einer breiten Funktionspalette.

★ **GPS-Daten aller Ortsmarken:** einfacher Import in GPS-Geräte, Navis und Geosoftware auf PCs und mobilen Geräten.

Apps zu Zürich

Eine Auswahl an **empfehlenswerten Zürich-Apps** finden Sie auf Seite 110.

Zeichenerklärung

10 Hauptsehenswürdigkeit
[L7] Verweis auf Planquadrat im Kartenmaterial

Arzt, Krankenhaus
Bar, Klub
Bibliothek
Imbiss
Café
Freibad
Friedhof
Galerie
Geschäft, Kaufhaus, Markt
Hallenbad
Hotel, Unterkunft
Informationsstelle
Internetcafé
Jugendherberge
Kino
Kirche
Kneipe
Museum
Musik (Livemusik, Disco, Jazz)
Parkplatz
Pension
Polizei
Post
Restaurant
Sporteinrichtung
Theater
vegetar. Restaurant
Weinbar

Stadtspaziergang (s. S. 8)

Shoppingareale
Gastro- und Nightlife-Areale

Diesem CityTrip-Band wurde hier ein herausnehmbarer Faltplan beigefügt. Sollte er beim Erwerb des Buches nicht mehr vorhanden sein, fragen Sie bitte bei Ihrem Buchhändler nach.

ZVV Stadt Zürich | Zurich City

www.zvv.ch
ZVV CONTACT
0848 988 988
CHF 0.08/Min.

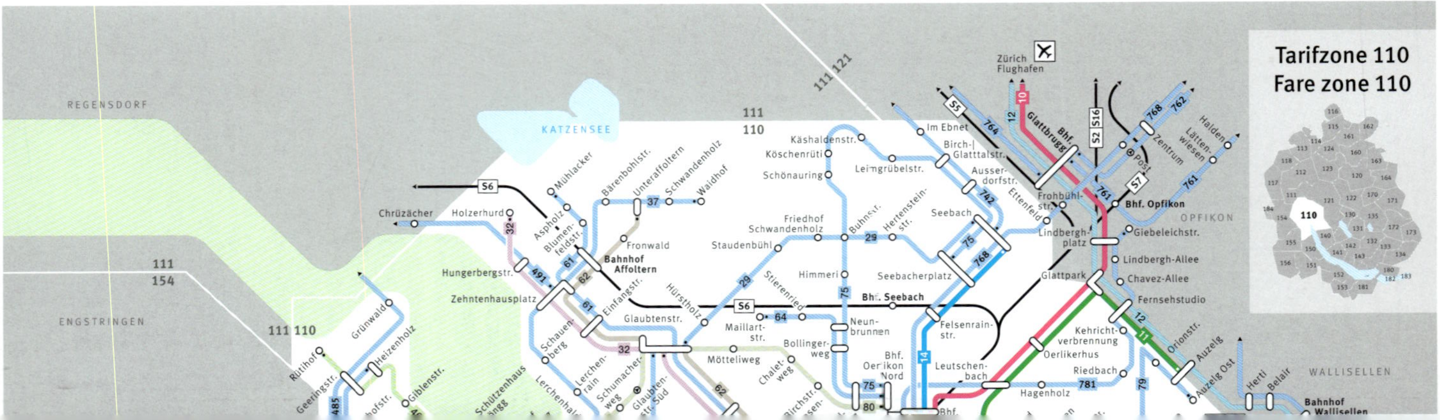